生保レディのリアル

時田優子
Tokita Yuko

私の
「生命保険募集人」
体験記

共栄書房

生保レディのリアル——私の「生命保険募集人」体験記◆目次

第6章　採用　142

第7章　見込みがない……　167

はじめに

いわゆる「生保レディ」（正確には、女性の「生命保険外交員」「生命保険募集人」）というと、どのようなイメージをお持ちだろうか。

女性の仕事で、女性が稼げる仕事というイメージ、あるいは、ノルマがきつそうで、とても大変な仕事というイメージだろうか。友人知人に生保レディがいて、勧誘された経験のある人は、しつこいとか、うるさいとかいうイメージがあるかもしれない。また俗な言葉でいうところの〝枕営業〟とでもいうのか、女を利用しながら荒稼ぎする、そんなイメージからホステスさんと同じような仕事だと思っている人もいるようだ。あるいは、保険といえばネットや保険ショップで加入する人が増えている中にあって、少々時代遅れの職業、というイメージがあるかもしれない。

これらのイメージは、当たっているといえば当たっているし、少しズレているといえばズレているともいえる。

かくいう私が生保レディに対して持っていたイメージは、もう若くはなく、離婚した女性など、なにがしかの事情で生計を立てなくてはいけなくなった女性たちの、稼げる仕事としての、最後の砦のようなイメージがあった。実際、生保の仕事で、女手ひとつで子供を育て家を建てたとかそんな話も聞いたことがあったし、中途採用となると高収入は望めないことが多い中、女性が大きく稼げる数少ない仕事のひとつ、という印象があった。その意味で興味はあったのだが、踏みこもうとは思わなかったのは、友人知人親戚に勧誘しなくてはならないイメージがあったから。

また生保というと、ハローワークの目の前で人材勧誘しているのを見たことがある人も多いと思う。私はあれを見て、生保というのはよっぽどやりたがる人の少ない、離職率が高い仕事なのかと思って、敬遠してしまった記憶がある（そもそも人材募集したければハローワークで求人すればいいのに、なぜ入口で勧誘しているのか。後述するが、生保レディは保険の仕事のみならず採用も義務になっていて、働きたい人を連れてくるのに必死だから。ただこのハローワーク利用者をターゲットにした採用活動は、私がそれを見てかえって敬遠したように、ネガティブな印象を与えることもあるとの懸念から、ハローワーク前の活動を禁ずる生保もある）。

そのようなわけで、生保に関してあまりいいイメージを持っていなかった私だが、あるとき、ひょんなことから生保で働くことになる。ひょんなことからというほどでもないか。単に生保レディの友人に誘われたからだが。

そこで飛び込んでみたこの世界は、イメージ通りでもあり、イメージとは違う世界でもあった。

そしてせっかく決意して飛び込んだこの仕事を、私は1年ほどで辞める。辞めるなんて何の自慢にもならないが、生保は「100人入ったら100人辞める」などと言われるほど離職率の高い世界。さすがにこの言い回しは大袈裟すぎるし、現在は少し変わってきているが、ざっくりとした印象としても、3年後の在籍率はおおむね2~5割、5年後になると2割以下といったところか（生保協会によれば生保レディの在籍率や離職率のデータはないということなので、あくまで現場から見た印象）。この離職率の高さからすれば、長く続ける方がレアで、3年も経ずに辞めた私のほうがむしろ平均的、ではある。

辞めるに至った理由はひとつではないし、そこに至るまでの葛藤もあった。看過できぬ部分もあったが、この仕事にしかない良さもたくさんあった。

いずれにしても何か記録しておきたいと思わせるものがたくさんあった仕事であったことは事実。だからこの本を書いてみた。きっとみんなその本当のところは知らないだろうから。

なお本文に入る前に、まず3点ほど断っておきたい。

1点目は、「生保レディ」という呼称について。これはもちろん正式なものではなく、戦後を通じ、女性の生命保険募集人（外交員）につけられた愛称だ。現在、国内大手生保各社では、生命保険募集人（外交員）という日本語ではなく、○○アドバイザー、○○コンサルタント、○○デザイナーというふうに、販売以上の価値を匂わせるカタカナ名称をつけている。ただ○

○アドバイザーと言われてもピンとこないし、本書では、普段から親しまれている「生保レディ」という愛称そのままで記したいと思う。

2点目は、一口に生保レディといっても、昨今は雇用のされ方によってふたつ（会社によってはそれ以上）のタイプがあるので触れておきたい。ひとつは従来通りの、中途の、学歴やキャリアを問わず、年齢の上限が高く、各支社で採用される常時募集の生保レディ。もうひとつは、短大・大卒を対象とした新卒（ないし第二新卒）の定期採用の生保レディ。両者は仕事の内容はおおむね同じであるが、給与体系、キャリアパスなどは異なっている（会社により異なる）。私がここで記述するのは、従来通りの、人数的にも最も多い、中途の常時採用組の方。いわゆる昔ながらの〝生保のおばさん〟の世界だ。保険会社を末端から支え、日本を世界一の保険大国に押し上げた女性たちの世界といってもいいかもしれない。

3点目。本書は私個人の生保体験を中心に、その他伝聞等を交えて構成したものだが、登場人物はすべて仮名、会社での用語や言い回し、保険や特約の内容、給与や歩合等の数字も、実際のものとは少し変えて記述している。また必ずしも時系列に構成されていない。所属会社は「X社」とだけしておく。

それでは私の生保レディとしてのリアルな日々を振り返ってみる。

第1章　なぜ私は生命保険募集人になったか

〝紹介〟で採用する独自の習慣

なぜ私は生保レディになったのか。それは生保レディをしていた友人から誘われたから。

国内大手の生命保険募集人（中途、女性）の場合、採用は基本的には募集人同士の紹介で行うことになっている。紹介による採用活動の理由は、私が在職していたときの支社長が全体集会で語っていたところによれば、「求人誌に出すやり方ではあまりいい人がこない、やはり募集人同士の紹介の方がいい人が集まりやすいから」で、何分、保険とは人様の大切なお金、個人情報を預かる仕事ゆえ、不特定多数に求人募集をかけるやり方より、人となりをよく知った人による紹介が望ましいということらしい、が……。

もちろんそれは表向きの理由。実際は、単に求人に経費をかけたくないから生保レディにやらせているだけ、ともいえるが、もとより保険というのはネガティブなイメージを持っている人が多いため、求人誌に募集をかけたくらいではなかなか人が集まらないのだ。それで生保レディを使って、生保にまつわるネガティブイメージを払拭させつつ、やりたい気持ちを喚起させながら採用活動をさせるのだ。

いつの頃からこういうやり方になったのか詳細は知らないが、おおよそ1970〜1980年代のようだ。『私が日本生命セールスレディを辞めた理由』（日下部生子著、あっぷる社、1993年）などによれば、当初は普通に求人をかけていたようで、著者も求人募集広告から入社した人だが、そのうち採用までやらされるようになって嫌気がさしてきたことなどを告白している。

私を誘ってくれたのは、桜田マリコさんという、私より10歳年下のシングルマザーの女性だった。彼女とは営業のパートの仕事をしていたとき出会った。

離婚して保険の仕事を始めた話は聞いていた。時田さんもやりませんか？　などとさりげなく打診されたとき、もちろん私はこう答えた。

「えー、無理よ。だって保険の仕事って、とっても大変でしょう？」

「大変じゃないですよ。だって私がやってるじゃないですか」

「それはそうだけど……」

「研修体制もしっかりしていて、ちゃんと教えてくれるから大丈夫ですよ。時田さんだったら私なんかより絶対うまくやれると思う」

「そんなことないでしょ」

と言いつつ、ふとそうかもしれないと思ったりする。営業のパート仕事時代、桜田さんと私では私の方が成績は良かった。桜田さんが出来ているなら、私も出来るかもしれない。

「でも無理だわ。だって保険って親戚とか友だちとかにも勧誘しないといけないんでしょ」

「あ、それ、今は違いますよ。昔はそうだったみたいだけど……今は、退職した人とかのお客さんを何人かもらってスタートするので、友だちとか親戚とかに勧誘しなくても出来ますよ。もちろん勧誘できるならした方がいいでしょうけど、会社から親戚のところ行けなんて言われることはないです」

「そうなんだ……でもノルマとか大変でしょ。歩合制だから、ノルマ達成しないとお給料下がるの？」

「本当は下がるんですが、入社から2年間は新人ということで、最低14万円なんです。3年目からはノルマ達成しないと、やはりお給料は下がってしまいます。だから最初の2年間、一生懸命やってお客さんを作っておかないといけない」

「そうなんだ。2年間は最低14万円なんだ。それはいいね」

「でしょ。時田さんだったらきっと私より上手に出来ますよぉ」

「その2年の間に頑張れば出来るかな……でも保険ってどういう人が働いているの？　怖そうな人が多そうなイメージ」

「全然そんなことないですよぉ。みんな優しいし、いい人ですよぉ。確かにクセのある人はいるけど、チームごとに仕事をするので、他のグループの人とかかわることはないので安心です。時田さんは私のチームになりますから全然大丈夫」

見知った人がいれば安心なのは事実だ。

「楽しいですよ、女ばっかで。夕方とか凄いにぎやか」

以上、人材採用のためのロールプレイングみたいだが、もちろんこれはロールプレイングではなく、私と桜田さんの間で交わされた現実の会話である。

ここまで読んで、もしかしたらちょっと楽しそうだなと思った人もいるかもしれない。

こんなふうにして、生保にまつわるネガティブイメージを払拭させつつ、やる気を喚起させていくのだ。

実際、生保についてほとんどの人が持っているであろう、「ノルマがきつくてとても大変な仕事」というイメージだって、日頃つきあいのある本人から「大丈夫。だって、この私が出来ているんだから、あなたにも出来る」と言われれば、なにがしかの説得力はある。

これが終わると次のステップ。オフィスでは、人材採用に向けてのイベントが最低月1回開催されていて、これにご招待するのだ。イベントは、インテリアグッズ作りだったり、カラーセラピー講座だったり、占いイベントだったり、ダイエット情報だったり。採用が目的ではあるが、ここでも「オフィスの雰囲気を知ってもらう」のが主たる目的なので、基本的には、ここでは熱心に勧誘されない（上の人たちが、この人なら猛プッシュしたいと思った人、ここで熱心に勧誘して大丈夫と思った人を除く）。

かくいう私も桜田さんから、オフィスの「フラワーリースづくりのイベント」なるものに誘われた。女性が稼げる仕事というイメージがあったから興味はあったものの、生保というと、しつこい勧誘というイメージがあった私は、当然、身構えた。絶対に保険の勧誘をしない、あくまで話を聞くだけで採用についても絶対に勧誘しない、という2つを条件に参加を承諾した。

こうして来訪したオフィス。私の不安をよそに、オフィスの人々はとても温かく迎えてくれた。もちろん向こうは仕事だから当たり前なのだが。入れ替わり立ち替わり上の人たちが挨拶に来てくれ、「素敵なお友達ね、一緒に働けるようになったら嬉しいわ」などと口々に言ってくれる。社交辞令とはいっても、褒められれば嬉しいものだ。イベントではメインのクラフトワークの他に、心理テストや職業適性テストなどもあり、単純に面白かった。

そのあとは、桜田さんの上司たるトレーナーや部長たちと一緒にランチに行き、ここで女同士の本音を交えたおしゃべり……に花を咲かせつつ、さりげなく〝勧誘〟される。オフィスを束ねる部長さんは、50代前半、目鼻立ちがはっきりした美人で、ジャンヌ・モローに似ていると思った。体格も良かった。若いころはさぞや美しかったんだろうな。笑うときちょっとはにかむような表情になり、それがとても魅力的だった。

彼女は私に、保険の仕事はやりがいのあるとてもいい仕事で、楽しいことなどに加え、「あなただったらコミュニケーション能力もとても高いし、頭も良く、話題も豊富だから、この仕事をやったら絶対に稼げる」と力説された。私は確かに稼げる仕事に興味があったから、この言葉は心に残った。

私は元々、出版関係の仕事をしていたが、一時期やめて、家の近くで営業のパートをしていた。桜田さんとはそのとき知り合った。ただそろそろパートではなくフルタイムで仕事を探そうと思っており、元の編集や記者の仕事を探そうと思っていた。ただあのテの業界は人気が高い上に、求人もそれほど多くはないし、そもそも私の年齢（アラフィフ）から考えると、正社員はかなり厳しいと思われる。100社くらいは落ちて当たり前、せいぜい非正規、ブラック企業でなければよしとしなければならない、そんな感じだろうか。

部長は私のことをとても気に入って下さったらしく、熱心に勧めてくれた。仕事そのものの面白さ、奥深さ、努力して結果を出せば必ず給与という形で応えてくれること、そして何より正社員であり、ゆえに安定していること、手厚い福利厚生、退職金、定年後の再雇用もあるので70歳を過ぎても働けること等々……。

100社は落ちる覚悟で辛い就職活動を続けるより、自分のやりたい仕事を不安定な非正規雇用で続けていくより、こんなふうに温かく歓迎してくれる人たちの下で守られて働くのも悪くないと思った。

さらに私は稼げる仕事をしたかった。老後の貯金などもしなくてはいけない年代に差し掛かっているし、堅実にお金を貯めるのに、この仕事は悪くないようだ。退職金だってそれなりに用意されているわけだし。定年後も再雇用制度で75歳まで働くことが出来るという。しかも再雇用でゼロから始めなくてはならないのではなく、自分の顧客等をそのまま引き継げるそうだ。

新人期間である最初の2年間は給与もあまり大きくはならないが、3年5年と年を経て顧客も増えていくうちに、大きく化けていくと説明された。部長は言った。

「あなたなら絶対に稼げる！」

そうかなあ。したい仕事は別なのは事実だったが……まったく見知らぬところに放り込まれて一からすべてを築いていくより、安心感があるのは事実。こういう選択も悪くない。私は確かにそのとき心が動いたのだった。

今思うと、私の心を動かした最大の理由は、給与とか稼げるとかいうよりむしろ、そちらの方だったような気がする。見知った人のいる安心感、そして温かい歓迎。私のことを喜んでくれ、心から期待してくれている人がいる嬉しさ。この人たちの期待に応えたい。そんな気持ちがそのとき芽生えたのだった。

まあ、入社の動機としては曖昧だし、仕事としてはやりたいことも別にあったわけだから、もう少しちゃんと考えたかったのだが、かなり強引に、ともかくすぐにでも働きましょうみたいなことになり、これについては違和感があったのだが……、結局、ここに行くことになった（あとで知ったが、考える時間を与えると断られるので、ともかくその場で決断させるようにするのだそうだ)。
結論から言うと、私は稼げる生保レディになったわけではないし、まあ期待には沿えなかった。今でもあのときのことを思い出すと、ほんの少し、ごめんなさい、みたいな気持ちになる。

2週間研修と試験をクリア

こうして私は入社することになった。が、まだ正式な入社ではない。生命保険募集人になるためには生保協会が実施する試験に合格しなくてはならず、この試験に合格してはじめて、正式入社となる。

試験はそれほど難しいものではないが、100点満点中90点以上とらないとダメということで、勉強しないといけない。試験対策用の2週間の研修があるそうでこれを受けなくてはならない。午前午後合わせて合計4時間で、わずかだが日当とお弁当が出る。

私は保険とか金融の知識に疎いので、この研修は実は楽しみだった。が、実際はそれほどでもなかった。

講義は、テキストを読み上げてそこに蛍光ペンで線を引かせるというだけのもので、必要なのは知性でもなく理解でもなく2本の蛍光ペンだけという退屈なものだった。保険業に関する理解というより、単に出るとされるところを丸暗記させるだけの授業。今どきは学校の授業もこんなふうに、先生がテストに出るところを読み上げ蛍光ペンでそこに線を引くだけで時間が過ぎてゆくものなのかなどと考えたりしながら時間が過ぎた。

昼は一緒に研修を受けている同期入社の女性たちと、講師の女性――近藤講師とでもしておこう――と一緒にお弁当を食べて過ごした。講師の方も一緒に歓談に混じってくれ随分フレンドリーな会社だなと思ったが、目的は歓談だけではなかったかもしれない。

用意されているお弁当は、大変失礼ながら、お粗末なものだった。それ自体はご愛嬌だが、特に食欲もなかったので、お弁当はいらないと言うと、食べるようにと強く勧められ、断るのが大変だった。いらないのに……。パンを買っていくと（私はパンが好きなので）、なじるような調子で、会社が用意したものを食べるように指示された。たかが出されたお弁当を食べないくらいで、なんでこんなにもめるんだろ……。別にこっちが頼んだわけでもないのに。

さらに、食事が終わり外出しようとすると（何か支払いのためにコンビニに行くとか、電話をしに階下に行くだとか、その程度のこと）、必ず引き留められた。これも不思議だった。

研修最後の日は模擬試験と自習だった。試験が早く終わった人から随時、休憩に入ってよいことになっていた。午後もいちばんに2回目の模擬試験が控えていたので、私は気分転換に美味しいコーヒーでも飲みに行こうと思った。たまたまその時、講師が教室から出ていたので、同僚に伝えて外に出る。

小一時間ほどで研修室に戻ると、講師の女性が、顔をしかめて私をお出迎えだった。

「時田さん、休憩はこの実践室内でとってください」

文章にすればこの一文だが、私が、何かとんでもなく悪いことをしたような言い方だった。この程度のことで、なんで怒られんの？　そもそも現在、時給発生は10時から12時まで、および13時から15時まで。休憩の1時間をどう使おうと私の自由ではないか。

「こちらでお弁当も用意しているし、こちらで召し上がってもらわないと困ります」

「午後もテストだし、息抜きしようと思ってコーヒーを飲みにいっただけですが……息抜きに外に出るのがいけないのですか」

「だめに決まっているでしょう、研修の間はここにいてもらわないと困ります」

なんでダメなの？　聞けばいいのだが、なんだか返す言葉がなくて、言うのも忘れる。聞いたところで、時給が発生しない時間をどう過ごそうと本人の自由なので、ロジックなどあるわけないか。

このあたりでようやく私も気づく。結局、講師が昼休みに一緒にお昼をとるのは、親密さというより、行動を制限させる目的では？

なぜ教室外に出ることを極力禁じようとするのか、その理由はわからないが、恐らく、要はまだ厳密には社員ではないので、自社ビル内を部外者にうろつきまわられたくないくらいのことかと推測する。とはいえ、昼休みに外には出なくても、出社と帰社に際し、やろうと思えばビル内をうろつくことなど簡単にできる。

いやだなと思った。

入社式

試験はおおむねほとんどの人が受かるので（中には、机に座って勉強するというのが端から苦手という人もいたが、合格させるために講師もかなりつきっきりで、とても丁寧に見ていた。これには感心した）。同期全員、無事合格した。

入社式なるものが執り行われた。支社長自ら一人ひとりをねぎらい、生命保険募集人であることを示す社員証をもらい、皆で写真を撮ったりする。こうして私のX社ライフが始まった。

今もその写真を見ながら、これを書いている。1年後の正確な在籍率は知らないが、おおむね入社した人の約半数近くが1年以内に離職していくという中で、最大限、人間関係でいやな思いをすることがないよう、そういう配慮は、とてもよくしてくれた会社だったなと思う。その意味では居心地は良かったし、今でも感謝している。

第2章　新人研修

人権研修でがっかり

入社後は、2か月間の新人研修になる。ここで会社のシステムの他、保険の基礎などを勉強する。保険や金融の知識に疎い私は、この研修を楽しみにしていた。カリキュラムによれば、「人権研修」「がん研修」「保険の基礎」「自社商品の説明」「話し方研修とロールプレイング」「給与システムの説明」……。加えて、弁当はもう用意されないこと、今後は外に出て食べに行って構わないことを告げられた。ようやく許可が下りたらしい。

さて、研修の皮切りは「人権研修」だった。結論からいうと、私はこの人権研修で、この会社に来たことを後悔した。

「それでは人権研修を始めます」と近藤講師が述べ、「ビデオを観てもらうのですが、その前に……」と言って、彼女が私にこう質問した（特に私でなければならぬ意図はなく、たまたま目が合ったので私が当てられた模様）。

「時田さん、人権ってなんだと思いますか？」

「天賦の権利です」

と私が答えると、講師の女性は目を丸くして言った。

「は？　天賦の権利って何ですか？」

人権研修の講師が「天賦の権利」を知らないことの方に驚きながら、

「生まれながらに備わっている権利という意味ですけど」

と彼女に〝教えてあげる〟と、講師の女性はさらに、はじめて聞いた何それ？　とでも言いたげに目を丸くし、この答えに返す言葉がないという感じだった。そして新しいことを教えてもらってありがとうとでも言いたげに、頷いた。

彼女が教えるべき人権のテキストの中に〝天賦の権利〟がないらしいという事実。それにも驚くが、彼女が毎月しているであろう質問「人権ってなんだと思いますか？」という問いかけに対し、誰も「天賦の権利」と答えた人がいないらしいということにさらに驚いた。近藤氏はベテランで、ここで何年も講習をしているのに。

中学生のときに、あるいは高校生のときに、習ったはずだが。

講師は続けた。

「人権について考える前にまずはビデオを観てみましょう」

ビデオは、いくつかのチャプターに分かれていた。チャプター1は、たばこ好きな男性が、隣の男性がたばこの煙が嫌いなのにもかかわらず、相手が煙がいやかどうかにも無頓着で、ぷかぷかしながら彼に話しかけるというもの。最後に「あなたはどう思いますか?」とナレーターが質問して終わる。チャプター2は、話しかけているのに返事がなく、気の利かない人だと思ったらその人はろうあ者で、こちらの声が聞こえていなかったという話。チャプター3は、結婚式の日どりを決めるにあたり大安でないといやか、それとも仏滅でも気にしないか、そんなことを家族で話しているというもの。

ビデオを見終わった後、プリントが配られた。そのプリントはそれぞれのチャプターを見てどう思ったか。人権とは何か考えてみましょう。と続く。

タバコを吸う権利とタバコが嫌いな人の権利。権利という語を使って、この二者の対立を表現することはあるが、「人権」の問題ではないだろう。タバコを吸う吸わないは個人の嗜好の問題で、タバコを吸いたいが隣にいる人が嫌いな場合、あるいは嫌煙家である可能性が否定できない場合どうするかというのは単にマナーの問題である。

チャプター3の仏滅と大安の話に至っては、「人権」とは何も関係がない。単に迷信としか思えないルールやしきたりを気にする人もいれば気にしない人もいるというだけのことである。このしきたりや迷信をどう考えるかは個人の自由であり、確かにこれも、拡大していけば憲法上保障されている「思想信条、信仰の自由」という権利に突き当たるといえばそうだが、イワシのアタマを信心するかとか大安仏滅を気にするかとか、その程度のことを、憲法上の思想信条信仰の自由を引き合いに出して語るというのは……程度が低くないか。

チャプター4は、職場でのあれこれ――たとえば男性がオフィスでうっかり「女の幸せは結婚」と口走ってしまったとか――だが、これなどは人権というよりむしろ社内コンプライアンスとでもいうべきでは？

いずれも拡大していけば、「人権」だの「人権侵害」だのという言葉に抵触するが、人権という言葉の周辺に位置するものを、わざわざまるでそれが人権そのものであるかのように教え、本質から目をそらさせているように思う。

要は人権は人権でも、基本的人権の部分を欠落させた人権研修ではないか。全体を見た印象でいうと、あえてこれらの題材に則った上で議論せよと言うなら、「人権とはすなわち思いやり」ということになり、「行き過ぎた人権」「人権ばかり主張していて自己中心的」「人権を主張するなら義務も果たさないといけない」といった論調に誘導されていくと思う。こういう論調は昨今の日本の〝トレンド〟だが、こんな日本を代表する大企業がネットのトレンドを生真面目に論じているとは思わなかったので、がっかりしてしまった。

他の人たちはこの人権研修をなんとも思わないのだろうか？　隣の同僚女性を見るに、特にどうとも感じていないようだった。つまりこの場において、おかしいのは私ということか？

ちなみにこの人権研修のビデオは、たまたま講師がいなくなった隙にちょっと見てみたら（講師がいるときは決して、そういう規定外の行動はできない）、「人権入門～日常から考える

10のヒント」というタイトルと、「JFEスチール」と「東京人権啓発企業連絡会」とだけ書いてあった。

あとでネットでみてみたところ、JFEスチールという会社の、人権啓発室長の人が監修した教育ビデオということらしかった。つまり、これが今どきの人権研修のスタンダードということか？

いずれにしてもがっかりだった。私は自分の決断を早速、後悔した。

会社が用意した募集資料以外は使用不可

辞めた方がいいのでは……と思ったが、具体的な行動に移せないうちに、研修は、近藤講師から野口トレーナーに代わった。

各講義の前には、起立・礼・着席という号令をかけさせられた。なんだか小中学生みたいな扱いだ。「あなたのような大卒で教養ある女性に来てもらいたい」ってあれなんだったの？

研修は「保険募集人の心得」に移った。X社では、このテの保険募集人のモラルやリテラシーに関する話はとても多く、研修が終わっても、全体集会などで口すっぱく繰り返された。保険募集人のモラルとは、代筆はしてはいけないとか、契約書をねつ造してはいけないとか、保険料の立て替えをしてはいけないとか、他社の誹謗中傷をして募集してはいけないとか、告知は正しく行わなくてはならないなどだ。

それらに混じって、会社が用意した募集資料以外は使用してはいけないというルールもあった。これは意外でもあり残念でもあった。私は、保険募集に関する資料など、自分で独自の営業ツールを作って仕事をしてみたかったからだ。

とはいえ、金融という特殊性ゆえ、これは仕方のないことかもしれない。なにぶんお金が絡むゆえ間違いは許されず、個人が独自に用意したツールでクレームがあったとき、そんなものに会社が責任を負えないというのは、それはそうであろうから（保険業界では、営業で使う募集資料等は、各社が独自に審査した登録資料のみしか使ってはいけないと定めていることが多い（私製文書の禁止）。私製文書で営業して顧客に誤解を与えた場合などは、募集人が保険業法違反に問われることもある）。

新聞や週刊誌を使うのも禁止

さらに言うと、新聞や週刊誌の記事を募集のための資料として使うのも不可だそうだ。保険募集に使うのに良いと思われる新聞記事等は会社が用意してくれるそうなので、それを使うようにとのことだった。要は会社が認めた報道の記事なら可、そうでなければ使うなということらしい。なお会社が用意する新聞は日経と読売とのことだった。

週刊誌に関していうと、研修室の室長である上村氏が私に教えてくれたところによれば、「僕が営業で現場でやっていたころはね、週刊誌とかはカバンに入れるのも禁止だったんですよ。カバンに入れているとね、おまえ、本当はこういうの見せて営業してるんだろ、やめろと言われたりしたんですよ」

とのこと。こうなると、週刊誌は、営業の仕事に使ってはいけないというより、目を通させたくないということなのではないか？　週刊誌は、保険会社のスキャンダルなども臆せず報道するからだろうか。もっとも、週刊誌は時々「自分に合った保険の選び方」みたいな消費者目線の有用な記事も載せるが。

そういうものならぜひ活用したいといいたいところだが、会社の意向としては、週刊誌の記事含め、会社が教える以外のことに興味を持つなということか。

日経と読売だけ可というのが、なかなか興味深い。

がん保険

がん保険研修の時間になった。がん保険は私自身関心があったので、この講義はちょっと楽しみだった。提携のがん保険会社の営業の人が講師としてやってきた。いかにも仕事のできそうな感じの、30代くらいの男性だった。

彼はこう切り出した。

「日本は今、急激な高齢化社会に突入していて、医療費は膨らむ一方。皆さん、今、国の医療費はいくらになっているか知っていますか?」

そしてニヤリとしながら言った。

「150兆円です」

150兆円? さすがにそれはないでしょう。政府の公式発表においても、せいぜい30兆円のはず。ケタが違う。私は席から「それは違うでしょう」と言おうとしたが、一瞬、ためらった。そもそも150兆円という試算がどこから来ているのか、具体的な数字を持ち出す限り、その論拠があるはずだが、その論拠に見当がつかなかったというのもそうだし、彼の態度が実に自信に満ち満ちていたので、一瞬、自分の記憶と知識の方が間違っているかもしれないという気すら湧いたのだ。私は彼の顔を改めて見据えた。彼は「どう凄いでしょ?」と言わんばかりに、4人ばかりの私たち聴衆を見ていた。男は続けた。

「医療費は膨らむ一方で、国家の財政を圧迫していますから、これからは医療も国に頼らないでいけるように考えていかないといけない」

正直、こうした論調はありがちである。私はこうした意見に賛同していないし、実際には、日本の医療費は世界の先進国の例をとってみても、必ずしも高額すぎるというわけはなく、医療や福祉ばかりが国家財政逼迫の原因といえるかは議論の余地があるというものだ(これらの論拠については、ここでは割愛する）。

だが、テレビのワイドショーや一部の新聞の批評などでは、「医療費が国の財政を圧迫している」というのは常套句だから、今ここで講師がそう述べたとしても、それはそれで仕方がないかもしれない。

しかし「150兆円」は嘘だろう。否、彼は勘違いしているのだろうか。でも私には、彼のにやけた顔と、150兆円と言った後に、さも、「すごいでしょう、皆さん驚いたでしょう」とでもいいたげなリアクションへの期待が十分すぎるほど伝わってきたので、彼のこの言葉は恣意的だと思った。

保険者の心得として、嘘を言ったりごまかしてはいけないって、さっきのあの講義、なんだったの？

私の反感をよそに、彼は揚々と、このように医療費が膨らむ一方の超高齢化社会であればこそ、いかにがん保険が必要か滔々と話し出した。今や国民の2人に1人ががんになっていること、早期発見と抗がん剤や放射線治療などで、治癒の可能な病気になっていることなどを述べ、がんと診断されるだけで一時金がしっかり下り、高額医療に対しても技術料が出るがん保険がいかに必要なものか説明した。彼は続けた。

「皆さん、副鼻腔がんって知っていますか？　鼻の奥に副鼻腔というところがあるのですが、その部分に出来るがんのことです。これにかかってしまうとね、副鼻腔って鼻の奥にあるので、手術するためには眼球を摘出しなくてはならないんです」

眼球摘出という生々しい表現に、研修生たちは一様に彼を見た。

「眼球摘出をしたくないとしたら、手術ではない、抗がん剤や放射線などの治療をしなくてはならない。こういうとき、治療にしっかりお金をかけていける環境って本当に大事だと思いませんか？」

ここで研修生たちは一様に頷いた。生徒たちのリアクションを見て彼は満足そうな笑みを浮かべ、言った。

「ね、怖いでしょ。私は昨日これでがん保険1件取った」

……はあ、そうですか。彼の話法もとてもうまいから、保険の加入に悩んでいる人にとって、背中を押すものとなったのだろうな。ただその「副鼻腔がん」は、それほどメジャーながんというわけではないだろう。帰社後、家でネットで調べてみたら、やはり稀ながんとのことで、慢性的な蓄膿症の人などがかかりやすいとあった、蓄膿症の症状がない人であれば、それほど心配しなくても大丈夫なのかもしれない。

「医療費150兆円」についてもネットで検索してみた。医療費が150兆円を示す根拠のものは見当たらなかった。おおかた社会保障費の総額ぐらいのことと思ったが、社会保障費総額でも150兆円には及びもしない。

それにしてもがんというのは、治療ももちろんだが、保険業界をはじめ、様々な業界が絡むんだな、がんってすごい利権なんだ……などと、妙なことに感心してしまった。がんがなくなったら困る人もたくさんいるのではないか？　どうりでがんがいつまでもなくならないわけだ。

誹謗中傷をしてはいけない

研修時に繰り返し言われたことのひとつは、他社を〝誹謗中傷〟してはいけないということ。他社を貶めて契約を取るようなことをしてはいけないということらしい。当たり前だが。

なお誹謗中傷とは、広辞苑によれば「根拠のない悪口を言って相手を傷つけること」であり、事実無根の悪口、相手を傷つけることを目的に話される悪口のことを言う。強い言葉であり、日常生活ではほとんど使うこともない語だが、X社では、この新人研修が終わったあとも、たびたび聞いた言葉でもあった。使うのは上の人たちで、全体集会や、オフィスに来て話をしてくれるときなどで度々使われた。

たとえば保険プランで、他社の商品に比べ自社の方が優れている部分などを説明するときに、わざわざ「○○生命さんの誹謗中傷をするわけではないが」などと前置きしたり、銀行より保険会社の方が手数料が安いと述べるのに、「銀行さんの誹謗中傷をするわけではないが」と述べたり。社内の、話が上手な面白い人（歯に衣着せずに本音を面白く言うタイプの人）のことを「あの人は誹謗中傷がひどいからなあ」などと言ったり。いずれも、冗談っぽく言われることが常であった。

要は批判的・否定的に言ったりする程度のことを、わざわざ誹謗中傷と表現して使っていた。上の人たち（いずれも大卒かそれ以上の学歴の、出世コースの人たち）が誹謗中傷の、本来の意味すら知らないわけはないと思うので、わざと使っているのだろうが、あまりに頻繁に誹謗中傷、誹謗中傷とにやにやしながら言うものだから、物事を批判的にとらえたり否定的な側面について触れることを〝誹謗中傷〟とでもする新しい価値観でも植え付けたいのかと思うほどだった。

そういえば、入社の面接のとき、支社長は私にこう言ったっけ。

「国の年金制度などを誹謗中傷して、募集をしてはいけません」

別に誰も年金制度を誹謗中傷しているわけではない。消えた年金など年金を取り巻く運用があまりにずさんだから大問題になっているのである。それをもって誹謗中傷とは……私はこのとき、これはこの方の個人的見解だと思ってやり過ごしたが、彼の個人的見解というより、会社の見解なのかな？

なんだか、がっかり。

ところで、現状、誰もがどこかの保険に入っているのが常だから、推奨されるセールススタイルのひとつは、他社のものを解約してもらって自社に乗り換えさせることだ。

ほとんどの人は、自分が入っている保険の内容についてよく分かっていない。だから、まずは「保険証書を見てあげましょう」というところからスタートする。

もちろん見せてもらったからといってやみくもに解約に誘導させたりするわけではない（言葉巧みに、解約に誘導する生保レディももちろんいるにはいるが……）。金利が良かった時代の貯蓄型の保険など、いいプランに入っていれば、「大事に持っておいた方がいいですよ」と言って解約しないよう勧める。ただ、およそライフスタイルに合わない保険に入っていたり（40代の独身男性が80代の父親を受取人に高額な死亡保障をかけていたりとか）、確かに自社商品の方が保障内容がいい（＝その人に合っている）ケースも多いので、そういうときはチャンスだ。

他社を解約させて自社に入ってもらう。これは何もX社に限らず、どこの生保も表立っては言わないけれど暗黙の了解で、お互いに従業員たちに推奨しあっていることだ。漢字生保だろうが、ひらがな生保であろうが、カタカナ生保だろうが、所属する保険会社がどこであれ、他社の保険証書を見せてもらって、ひっくり返すくらいの技量がないと、稼げる生命保険募集人にはなれない。

そんなことはお互い百も承知。昔は、他社への誹謗中傷だろうが毀誉褒貶だろうがおかまいなし、契約さえ取れればいいという時代もあったようだ。『女たちが築いた生保王国』（堀江誠二著、ＴＢＳブリタニカ、１９８８年）によれば、生命保険会社同士の誹謗中傷合戦と客の奪い合いが横行し、最初に社会問題化したのは、生命保険が日本に入ってきてまだ30～40年しか経っていない大正末期。社会的に認知され、各社参入すると同時に熾烈な奪い合い合戦がスタートした模様。さすがに、昨今は保険募集に対しても金融庁の指導が入るようになり、募集者のリテラシーが重要視されるようになったが。

ことさら「誹謗中傷してはいけない」と教育するX社の背景には、こうした事情があるのだとも思われるが、残念ながら私が所属していたときのX社支社では、事実無根や嘘を並べ立てて他社を貶めるような行為だけでなく、物事を批判的にとらえることそのものが誹謗中傷になっていた。

プロフィールは会社が作成

話を研修に戻す。

ある日、野口トレーナーが言った。

「みんなのホームページが出来たわよ、見てみましょう」

何のことかわからず、指定されたところをパソコンで開く。すると〝わたしのホームページ〟なるものが出てきた。要はX社が用意した生保レディの個人用ホームページで、入社式の折に撮った私の写真と自己紹介が載っていた。

自己紹介――私がそのようなものを書いた記憶は一切ない。勝手に私の自己紹介が書かれていた。

「たくさんの人と会える仕事がしたいと思い、生命保険の仕事を選びました」

は？　たくさんの人と出会える仕事がしたくてこの仕事を選んだ覚えはない。

私はカネになる仕事がしたかった（そしてその気持ちを押したのが、桜田さんや部長や、オフィスの面々の温かい歓迎）。そもそも不惑も軽く超えたアラフィフの私が、今さら、たくさんの人と出会ってどうする？　とまではいかないが、このくらいの年齢になれば、自分というものはもうきちんとわかっていて当然だし（不惑も終わっている……）、別に不特定多数と出会うことで切磋琢磨したいとか、そういう人がいないとは言わないが、私はそんなことには興味はない。「たくさんの人と出会える仕事がしたいと思って」この仕事を選んだというなら、前職はどういう人だろうという感じ。キャリアも経歴も否定され、なんだか人格すらあしらわれているような気分である。

私からすると、これは「恋に恋してばかりでまだ本当の恋を知らない私です」とでも書かれているに等しい。

がっかりしながら隣を見ると、普段はおとなしい同期のサトミさんが、今度ばかりは顔をしかめていた。

「なによ、これ……」

入社の経緯はいろいろあろう。いずれにしても、ここで頑張ってみようと決意した女性たちには皆、一人ひとりの思いがあるはずだ。

ちなみに、このねつ造プロフィールは自分では変更できない。新人期間を過ぎると自分で変更出来るらしいが。だからこの「わたしのホームページ」は使えない。ネット時代なのだから、個人用ホームページなども大いに活用したいところであるが、これじゃ使えない。

会社側の理屈としては、つまりここに来る女性たちは文章を書くのが苦手、あるいは書けると言われるとお客様向けページには書いたらダメだろうというようなことも平気で書く可能性がある、だから会社で用意するということなのだろうか。

とすれば、この会社が想定している生保レディの能力・キャリアは、一般的な水準からみても低いところにあると言わざるを得ない。

それでも、ヒアリングした上で書くか、あるいは本人が書いたものを責任者がチェックして、対外的に問題がある場合は書き直させるか会社が手を入れるか、その程度のことで十分対処できるはずである。否、それすら面倒臭いのだろうか。

やっぱり辞めようと思う……

その日の夜、私は夫に言った。

「やっぱり辞めようと思うの」

「え？　もう辞めるとか言い出しているの？」

顔をしかめる夫に、確かにこれは一般的な反応だと思う。私も夫も、どんな仕事でも3年は続けるようにと言われた世代の人間である。

「早めに結論出した方がいいこともあるでしょ」

「だってまだ研修じゃないか。研修で何がわかるんだよ」

「わかるよ、社風とか。絶対好きになれない」

「自分に完全に合う会社なんかないよ」

「そりゃそうだけど……だって、講義中は水も飲んじゃいけないんだよ、ありえる？」

「なんで水飲んじゃいけないの？」

「講義中はまっすぐ講師の方を見ていないといけないとか言うんじゃないの？　水を飲むなんて不謹慎みたいな……小学生じゃあるまいし。それに話したでしょ、人権研修。あの人権研修、私はおかしいと思うの」

黙っている夫に私は言った。

「何と言うのか、自分の権利に無知で上の人の言うことをきいていさえすればいいって、そういう教育だと思う」

「たかが1回か2回の講義で、そこまでわかるわけないだろ」

「わかるわよ、中にいれば」

「でもまだ研修でしょう？　実際に仕事をし始めたらまた印象も違うんじゃないの？　ともかく早すぎるよ、結論出すの」

確かに、実際に仕事をしてみてからでないとわからないといえばそうだ。それに辞めようと思うと、桜田さんや部長たちの顔が浮かんだ。働きもしていないのに辞めるというのは、色々お世話してくれた彼女たちにとても申し訳ないと思った。仕事をし始めたら、案外、とっても楽しくなったりするかもしれない。きっとそうだ。そうに違いないと自分に言い聞かせる。

結論を出すのが早過ぎるといえばそうだ。

「すぐにご主人のお給料も超えちゃう」

給与についての研修の時間になった。

これは私がもっとも楽しみにしていたもののひとつだ。だって私はお金を稼ぎたくてここに来たのだから。もしかしたら今までの不安なんかすぐに吹っ飛んで、やる気が喚起される何かがこの研修にあるかもしれない。期待して臨む。

この会社の生命保険募集人の給与体系はすこぶる複雑で、その解説だけで1冊の本になっている。しかし業界用語や会社での用語を用いて展開しているので、新人が一読して理解できるシロモノではない（実際私も、給与の仕組みについて何となくわかるようになったのは、入社1年近くたってからだった）。

それで楽しみにしていたのだが、講師は、新人を前にして、業界用語や会社特有の用語について最初に説明するでもなく、本を早口で読み上げるだけなので、さっぱり意味不明であった。

白けた気持ちで聴いていたが、時折耳に入ってくるのは、「ほら、こんなにもらえちゃう」「こんなにつく」「すぐにご主人のお給料も超えちゃう」「だからみんな辞められない」「こんなにいい会社、他にある?」といったフレーズ。ともかくお金にはなるらしい。イイコトだ。

ページをめくっていくと、入社1年以内は3か月ごとに自分の職能クラスが上がることになっていて、上がるごとに基本の営業手当が1万円ずつ下がるらしい。ただ入社前の説明によれば、入社後2年間は最低14万円ということだから、何か別の手当でもついて帳尻が合わさるということ?

さらに別のプリントが配られた。そのプリントは保有手当についてのものだった。

保有手当とは、要は、それまでに自分が何件の契約をとったか、そのとれた契約本数についての手当であるが、50件になるとおよそ5万円の手当てがつくことになっていた。新人の目安としては、今から9か月後に20件をクリアすること。その場合、保有手当は2万4千円だという。

2万4千円……最初の2年間は最低14万円とのことだから、20件をクリアすれば基本給は16

万4千円ってこと？　ここにさらに歩合がついていくのであれば悪くない……どころか、これは今どき、とても良い待遇ではないかと思う。

ボーナスについてはよくわからなかった。ある程度の実績がないと多くは見込めないようで、最初の2年については期待できそうもなかったが、講師によれば、5年以上になってくると、臨時で入ってくる給与もあるとのこと。「ボーナスが年に4回ある」ようなイメージだという。

講師曰く、

「もー、こうなると止められない！」

カネがカネを生んでいくみたいな語り口に、私の眠気も飛ぶ。

社風だなんだと言ってみたが、働く目的は給料であり、やればやるだけきちんと報いてくれる会社というのは貴重である（たいていは、実力主義だのやればやるだけなどと言いつつ、理屈をつけて給与は上げないのだ）。「すぐにご主人のお給料も超えちゃう」とは思えなかったが、コンスタントに一定以上の収入が見込めるのであれば、頑張ってみる価値は十分にある。

さらにいえば退職金もそうだし、大企業ならではの福利厚生も魅力的だった。独自の高額医療へのケアもある健康保険組合、初年度からたっぷりつく有給休暇……安心して働ける環境が整っているというのは大事なことだ。

保険の仕事がそれほどしたいわけではなかった。したい仕事は他にあった。やりたいこともあれば夢もある。そのためにはお金が要る。「恒産なくして恒心を得ず」である。安定収入のためにも、少しここで頑張ってみようと思った。

コンプライアンス研修

X社ではたびたび全体集会があった。全体集会は主として2種類あり、2年以下の新人が集う新人集会、生保レディ全員を対象とした全体集会、その合間に、「祝い月」に向けた決起集会のようなものなどがあった。

こうした全体集会は主として、①コンプライアンス研修、②表彰式、③支社長講話、④各種伝達事項など、によって成り立っていた。

表彰式は、前月のノルマ達成者に対して与えられる表彰式で、名前を呼ばれ拍手で迎えられる。私もはじめて見たときは、こんなに祝ってくれるのか楽しそうだなと思い、何か月か先の集会時には自分の名前を呼んでもらえるようにしたいとも思ったものだ。

ただ、コンプライアンス研修については正直、疑問を感じずにはおれなかった。

コンプライアンス研修で何が言われたのかというと、代筆は禁止であること、書類偽造はしてはいけないこと、保険料の立て替えはしてはいけないこと、他社の誹謗中傷をしてはいけないこと、仕事上知り得た秘密などは口外してはいけないこと……など、要は保険募集者のモラルというべきものだった。

コンプライアンスとは、直訳すれば「法令遵守」であるが、基本的には、会社や団体の法令遵守を指す言葉のはずだ。実際、『実用日本語表現辞典』によれば、コンプライアンスとは、「『従うこと』『命令や要求に応じること』『義務を果たすこと』といった意味で用いられる英語の名詞。日本語としては企業が法令をきちんと守ること（法令遵守）を指す語として用いられる」と記されている。

コンプライアンスとは、本来的には法人や団体などが守るべきモラル・規範のことで、イコール個々人のモラルを指すものではないはずだ。もちろん会社とは個々人の集まりである以上、個々人がモラルを守ることが会社のコンプライアンスに繋がるといえばそうだが。

3分間スピーチ

研修も終盤。今日は、話し方研修の一環としてスピーチだった。3分間、なんでもいいから話をしてみましょうというもの。私は時事ネタで話すことにした。

当時、メディアを賑わしていたのは、森友学園をめぐる用地の不正売却の件。佐川宣寿元理財局長（森友疑惑発覚時は国税庁長官）の証人喚問が行われ、この件で自殺したとされる元職員をめぐり、書類の改ざんを指示したのは誰か、国会で佐川氏に対し追及が行われていた。明らかにされた状況証拠の数々は、彼の関与を示唆していたが、氏は「存じません」とのらりくらりとした答弁を交わすばかり。

このニュースは政治ニュースをほとんど流さなくなったNHKはもちろん、ワイドショーなども連日のように取り上げていた。珍しく、国民から一心に注目を集める政治ネタであったと思う。

それで私はこのネタで話すことにした。ただこの話だけをしても仕事には関係ないので、先日の全体集会で話された「フレンド登録」の保険事故と絡めることにした。

フレンド登録とは、お客様からさらにお客様を紹介していただくときのサービスで、あらかじめそのお客様――Aさんとでもしておこう――を登録しておくと、Aさんから紹介してもらったお客様が成約になったとき、紹介者たるAさんに、おおむね2千～1万円程度のお礼のプレゼントが会社から届くようになっている（実際には会社が全額ではなく、生保レディが半額負担）。このフレンド登録にもノルマがあって、新人は毎月1人以上を登録することが求められている（達成すれば現物支給。達成しなくても給与から引かれない）。

先日の集会での報告によれば、このフレンド登録で「保険事故」が起きた。フレンド登録は、フレンドになってもらう方に住所と名前を書いてもらうだけの簡単なものだが、ある生保レディが、自分の友だちの了承をとることなく、友だちの名前と住所を勝手に書いて会社に提出、フレンド登録した。そのことが会社に発覚し、「書類偽造」として懲戒の対象になってしまったというもの。なぜ発覚したかというと、会社が時々、フレンド登録者に確認の電話を入れ、抜き打ち調査をするのだそうだ。

実際の金銭の損失があるわけではなく、些細なことではあるが、偽造は偽造。懲罰の対象となってしまうのは、厳しいが仕方がないかもしれない。抜き打ち検査は生保レディを信用していないみたいでいやだけれど。

それで私はまず、国会での佐川氏の、のらりくらりとした答弁に触れ、これを追及し、しかるべき措置をとれない社会の劣化について述べた。そして続けた。

「昨日もフレンド登録の保険事故について報告がありましたけど、フレンド登録のような、直接の金銭的被害が生じているわけではない小さな事柄でも、それを調べるためのチェック機能があるし、見つかれば不正は不正として取り締まられる……ところが、国の財政を扱うトップの人たちが、組織的な不正に手を染め、明るみに出ると、権威を盾にして、人を愚弄する証言を繰り返していて許しがたいです。立場の低い人が不正を行うと糾弾され、上の立場の人だと許される。昨今こういうことが多いですが、権威者や立場が上の人たちの不正こそ許してはいけないし、指摘していかないといけないと思います」

おおむねこんな内容だったか。驚くべきことにスピーチを終えたら、一斉に拍手が起きた。別にこんな政治ネタなんて、誰も興味ないだろうし冷笑されて終わりだと思っていたが、そうでもないらしい。10人くらいの聴衆だったが、ずっと目を輝かせ聞いてくれていた。宮本トレーナーは、何と言っていいかわからないというふうな顔をしながら言った。

「そうね、テレビでも今、やっているわね、嘘をついたり不正を働くのはいけないことよね。でも上の人が言ったら言うことを聞かなくちゃ、ねえ時田さん」

「は？」

「上の人たちの不正は許さないって、でも上の人の言うことは聞かなくちゃだめでしょ」

「はぁ。立場によって不正が見逃されるなんておかしいことだと……」

「駄目よ。上の人の言うことは聞かないと」

特に言い返さなかったが、彼女の弁をそのまま受け取ると、私たちは上の人の言うことは聞かないといけないので、上の人の不正は追及してはいけないし見過ごさなくてはいけないということになる。

10人ほどの聴衆を見据えると、そのことについて誰も何も言わず、各自、次の所作に移っていた。誰もこのトレーナーの言うことに納得しているわけではないにせよ、声を上げる人もまたいない。宮本トレーナーは、このままでは終わらせられないと思ったのか、不正はいけません、しかし会社の言うことは聞かなくてはなりませんと再度述べて話を締めくくった。

上位者への服従を教えるのが、この研修の目的なのだろうが、もうちょっと言いようってものがあるのでは？　と思う。これでは「法の下の平等」まで否定しちゃっている。

私は、自分がこれからなる生保レディという仕事が、なんだか程度が低い仕事のように感じられてしまった。

なお、ここで新人研修の講師をしている女性たちは、トレーナーと呼ばれる各オフィスに1人以上配属されている教育担当、もしくはオフィス長を経験した女性たちのみに限られている。宮本講師も、生保レディからオフィス長にまで上り詰めた、いわば生保レディの出世コースを地で行った方だ。

あら、デジャブ？

ところで、この〝森友疑惑〟については、別のエピソードがある。

毎朝私たちは朝礼で、研修室の研修室長たる上島氏の朝のお話を聞いてから1日がスタートするのだが、ある日のお話は、森友疑惑についてだった。こんな感じだ。

「今、テレビとかでね、森友学園のことをさかんにやっていますね。あの佐川さん、毎回、『知りません』『存じません』って言うでしょう、あれ、嘘をついているというより、自分でも本当に忘れちゃってるんですね。自分でも本当に忘れちゃって、わからなくなってて、正直にわかりませんって言っているんだと思うんですよ」

なんだか面白い視点ではあるなと思った。佐川氏の態度をみていると、本当に彼自身わかっていないような雰囲気は確かにある。嘘をついているのではなく、本当に忘れてしまっている——のなら、なんとなく罪も薄まってくるような気もしてしまう。とぼけた彼の表情に親近感すら湧きそうだ。もとより、そんなに簡単に忘れるはずもないし、忘れたから許される話でもない。

　だから上島室長のこの見解は、個人の着眼点としては面白いけれど、問題の本質から目をそらさせ、実際には、彼を庇う論調になっている。

　その後、そのことは私も忘れていたが、私がオフィスに戻って1か月くらいしてから、実は同じ場面に遭遇したのだった。

　それはオフィスでの「歓迎会」でのこと（歓迎会といっても私のための歓迎会ではない。私のオフィスでは、新人生保レディが入ったくらいで歓迎会など行わない。歓迎会が行われるのはトレーナーなどマネージャークラスの人の離着任のみ。だからこの宴席も、私ではなく、新しく着任してきたトレーナーへのものだ）、この席に、支社のK課長が招かれた。なぜ招かれたかといえば、ウチの部長は上昇志向の強い方なので、支社や本社の〝上の人たち〟を呼ぶのが好きだからだと思われる。

　宴もたけなわ、金目鯛の刺身が運ばれてきた頃やってきたK氏は、簡単な自己紹介の後、何か気の利いた話をする必要からか、こんな話をし始めた。

「今、国会で佐川さんが証人喚問されてますけど……あれ見ててね、僕、思うんですけど、あれ佐川さんって、自分でも忘れちゃってるんですね。やったんだかやってないんだか、あれね、本人も自分でわからなくなってるの。嘘というより、自分でやってないって本当に思っているんですよ」

その瞬間、過去の記憶がフラッシュバックした。あれは上島室長の個人的見解だと思っていたが違うのかもしれない。上島氏もK氏も、彼らのセクションでの朝礼なり研修なりで話された（教えられた）内容をそのままリピートしているのだと思われる。

なんで一介のサラリーマンが、自分とは縁もゆかりもないであろう、権力者のことをそんなに庇いたいのだろうか？　別にここで、組織の考えを自分の考えでもあるかのように話さなくてはならない義理もないだろうに。それとも、このことをぜひ皆に伝えたいと思い、本心からそう述べたのか。

オフィスの女性たちはといえば、宴席なので、ざっくばらんな雰囲気ではあるものの、誰もが彼の方を向き、彼の話を聞いていた（X社では、上の人たちが話しているときは、その方向をしっかり見て、耳を傾けなくてはならない）。

第3章　生保レディの仕事開始！

朝礼はたっぷり1時間以上

2か月の研修が終わった。私たち同期組は、研修室を卒業し、それぞれのオフィスに戻る。桜田さんやチームの面々が私を温かく迎えてくれ、部長が、はにかむような笑顔を浮かべながら、私に歓迎の言葉を述べた。いよいよ仕事開始である。

オフィスは、私が最初に抱いた印象そのまま、穏やかで居心地が良い雰囲気だった。それは女性だけしかいないからそう感じたのかもしれないし、長いものに巻かれる安心感であったのかもしれない。

しかし、すぐに別のことが気になるようにもなった。

まず印象的だったのは、朝礼の長さだった。9時15分定時で、早くても10時過ぎ、遅いと11時近くまで朝礼だ。昨日の成果の報告から始まり、各種伝達事項、営業トークの練習、部長の叱咤激励が続く。週に何回か、支社のフィナンシャルプランナーさん等々が呼ばれていることがあり、そういうときは必ず、「今日は支社の○○さんが、みんなのために朝から来てくれたのよ」という「感謝しなさい」といった文句が並ぶ。

別に何も私たちが頼んで来てもらったわけでもなし、部長が自分の判断で上の人を呼んでいるだけだが、ことさら「私たちのためにこんなにしてくれて」「忙しいのに私たちのために来てくれている」「感謝、感謝」と連発することで、自分の株でも上げたいのかと思われる。出世したい部長につきあわされて、感謝してもらいたいのはこっちである。

オフィスは40人から成る大所帯で、真ん中に部長の席があり、両隣がトレーナーたち、そこを頂点に3連から成る机の島がある。この3連が私たち募集人たちの席で、6人くらいの列が互いに向かい合って1連を作っていた。私の席は端から二番目の一番前だったので、ちょうど部長に背を向ける形で座ることになるのだが、朝礼中は私は椅子をくるりと180度回転させて、部長の方に身体を向けるよう、指示されるのだった。

要は話している人の方をしっかり見なくてはいけないという暗黙のルールらしく（ましてや新人は）、おかげさまで、自分の机に背を向ける格好になるので、机があるのにメモをとるときは膝の上で行うしかない。

このひたすら長い朝礼の間中、パソコンを見てもいけないし、何か作業もしてはならない。原則的には、話す人の方を常に見ていなくてはならず、下を向いていてもいけない（時々、顔をあげなさいよと怒られる人もいた）。

忙しい朝である。「やりながら聞いて」ということがあってもいいのに、それが許されない。だから、朝礼後すぐに客先に行かなくてはならないときは、「前日の夕方準備するか、朝、早く来てやるか」だが、もちろん残業代などつかないし、こんなどうでもいい話を黙って聞かされんがためのサービス残業なんか冗談じゃないと思った私は早々に、会社に早く来て準備する、という選択はしないことを決意した。

なおX社では、水曜をのぞき毎日朝礼があって、金曜日は全社統一で夕礼が行われる。朝礼も夕礼も時間通りの参加が原則で、この時間にはアポなどは原則、入れてはいけない。

一時期、水曜ではないのに朝礼なしという日も何度かあったが、そういう日は必ず「昼礼」が入ったので、朝やるべきものが昼になっただけである。ほとんどのケースにおいて何が話されたのかはよく覚えていない。

ただ毎日言われたのは、「稼がせてもらっているんだから会社に感謝しなさい」とか「会社がこんなにしてくれて」とか「他はもっと厳しいのよ」とか「私たちのためにこうやって朝から来てくれていて」とか「みんなお給料もっと欲しいでしょう、だったらもっとやらないと」とか「ノルマ達成したらこんなにもらえるのよ」とか、おおむねそんな感じ。

夕礼は全社統一で、毎週金曜の夕方（おおよそ4時頃？）から行われる。

その他、新人集会、全体集会、決起集会……ともかく皆で集まって上長たちの話を聞く機会がたくさんあった。

実際、あまりに頻繁に集まらされては話を聞かされるので、この会社の最大の目的は、仕事というより、女性たちに話を聞かせて、ある特定の考え方を刷り込むことではないか？　と思うほどだった。ひっきりなしに人材募集し、採用する目的はそれでは？　……いくらなんでも違うだろうけど。

担当エリアでくじ引き大会

入社すると、自分の〝担当エリア〟と〝引継ぎ担当〟をいただく（引継ぎ担当については後述）。担当エリアは、そのエリアを中心に回りなさいということだが、明確な線引きはなく、別にどこを回っても良い（しかし先輩方の地場には近づかない方が良い）。

新人生保レディの最初の仕事は、この担当エリアにおけるくじ引き大会である。

くじ引き大会とは、個人情報を記入する用紙を折って束ねて、くじを作り、これをお客様にひいてもらって、当たったことにして、「景品をお届けしますので」ということで個人情報を頂くというもの。

保険は相手の個人情報（とりわけ生年月日）がわからないと話にならないので、そのためのツール。くじ引きは口実。

まずは担当エリアにて、くじびき大会用の告知チラシをポスティングする（この告知チラシも会社で用意されている）。告知用チラシには、料理カードだとかポケットティッシュなども添える。読まずに捨てられないようにするための仕掛けだ。

そしてくじ引き大会当日。「くじ引き大会、待ってました！」などという人にはついぞ会わなかったが、「ああ、なんかチラシ入ってたわね」くらいの反応は結構あり、意外な高確率でくじを引いてもらうくらいまではいく。そして本当は空くじなしなのだけれど、「当たりました‼　ハッピー賞です‼」などと言うと、不思議と皆、本当に嬉しそうな顔をしてくれるのだ。そのあとの「景品をお届けしますのでお名前と電話番号を教えてもらえますか？」になってくると、そこまでして景品いらないと言って断わられることも多いが、意外に、名前と生年月日くらいは教えてもらえるものだ（個人情報の入手には至らずとも、少なくとも家は分かっているので、感じのいい人であれば、そこから再訪に繋げることは出来る）。

なお、推奨される保険営業スタイルからいうと、この段階では、保険の話は一切しない。あくまで地域の人とお近づきになり、再訪できる家を探していくのが目標だ。

地域の人と知り合い再訪に繋げるという意味では確かに効果的な手法だとは思ったが、空くじなしなのに、「おめでとうございます！　当たりました‼」と嘘を言っているみたいでいやだったし、「どうせ全部アタリなんでしょ」といつか見透かされてイヤミでも言われたらと思うと気後れしてしまい、普通に飛び込み営業に切り替えたが、こういう仕掛けがある方が、効果が高いと思われた。

「会社の言うことを聞いていさえすればいい」「そうすれば必ずうまくいく」と上の人たちは口を揃えて言うのだけれど、方法論に関していえばそうかもしれない。

はじめて飛び込み営業で取ったお客さん

私は、営業経験はあったたし、飛び込み営業もしていたから、飛び込み営業はまったく苦にならない……などということはなく、私は飛び込み営業なんて嫌いである（たいていの人は嫌いである。飛び込み営業が好きと述べた人を、私は人生で一人しか知らない。飛び込み営業を上手に行う人も、別に好きでやっているわけではなく、単にそこに宝の山があるものと信じ、仕事だと思ってやっているに過ぎない）。くじ引き大会だろうが、普通の飛び込みだろうが、嫌いだけど、これが仕事なので仕方なく行う。

会社がそのときどきでやっているキャンペーンチラシを持って、普通に1件1件、担当エリアを回った。保険に興味がある人、というよりまずは世間話をしたりできる間柄になれそうな人を探す。

はじめて私が飛び込み営業で契約を頂いたお客さんは、ダウン症の娘さんを持つお婆さんだった。担当エリアだったからしばしばその付近を通っていたのだが、通るとよく、その娘さんが家の前で一人で遊んでいた。

あるとき、表で遊んでいる彼女に、「お母様いらっしゃいますか?」と声を掛けたら、彼女が「お母さん」を呼んできてくれた。お母さんは、もうすぐ80になろうかというお婆さんで、子どものように見えたそのダウン症の娘さんは実際には40代後半であった。

そのお婆さんは、「保険はもう目いっぱい入っているし、昔、保険屋に何度も騙されたから、もういいわ」と言う。

「何度も騙された」はともかく、「保険は入っているからもういいわ」は、挨拶くらいに思わないといけない。最初から保険に入りたいと思って待っていましたなんて人に会えることはまずないから、この程度のお断りはご挨拶だ。加入中の保険でカバーしきれていない部分はないか、満足しているか、入りすぎていないか、そんなことをさりげなく探るべく、まずは世間話でお茶を濁す。とりあえずの目的は、どこのどんな保険に入っているかということと、その保険証書を見せてもらうことだ。

そのお婆さん——浅井さんとでもしておく——は、「保険屋に騙された」「保険屋が嫌い」とムッとして言う割には、私を追い返すわけでもなく、こちらが話すことには、普通に答えを返すという、感じのいい人だった。だからその後も訪問し、「娘さんが時々、表で遊んでいるので知っていた」ことに触れ、「可愛いお嬢さんですね」と誉めたら、「本当にそう思う?」と聞いてきた。

娘さん、——ハルミさんとでもしておく——は、以前は授産施設で働いていたが、10年ほど前この地域に引っ越してきたところ、ハルミさんが入れる授産施設が近隣になく、遠方ならあると市役所でいわれたが、浅井さんは車の運転は出来ないし、一人でバスに乗せるのも不安なので、結局、今は働く場所もなく家にいるのだそうだ。

「だから1日中何もしないでぼーっとしているだけ。外に出て近所の子どもと遊ぼうとしては、バカにされてるわよ」

ご家族はハルミさんの他にご主人と、離婚して戻ってきた娘と2人の孫娘ということだったが、この奥さん以外、誰もハルミさんの面倒をみないらしい。

この方は保険が好きなのか、いくつか入っているということで、「保険屋に騙されて、解約させられて大損した保険があった」という。曰く「ダウン症でも入れるからといって入った保険があったのだが、その人がその保険を見て、ダウン症などの既往がある人には保険は出ないですよ、解約した方がいい」と言って解約させたはいいが、その解約金を持ち逃げされたのだという。それは数百万もの大金だというので、私は調べてあげたいと思ったのだが、もう10年以上前のことで、関係書類はどこかにいってしまったし、どうせ戻ってくるわけではないからもういいと言う。

あるとき、この方をオフィスの〝カラーセラピー〟イベントにお誘いした。特に乗り気だったわけでもないはずなのに、当日、迎えに行くと、

「主人がどうせまた保険屋に騙されるだけだぞ、とか言うんだけど出て来たわ」

と、朝からせいせいしたとでも言わんばかり。普通、このシチュエーションだったら「主人が反対してるからゴメンナサイ」されるパターンなのに。騙された騙されたと言いながら来てくれるという、殊勝な方である。「相手が頑張っているのを見ると、応えてあげたくなってしまう」人なのかもしれない。なんていい人なんだ……。

結論から言うと、この方からは、ハルミさんへの年金でご契約頂くことが出来た。

浅井さんは、「ハルミさんのために」とか、「お母さまもハルミさんのことがご心配でしょうから」というように言うと、確かに身を乗り出してくるところがあった。

だから私も、そこを突いていけばこの方から頂けると思って通ったわけだが、本当に契約を頂けたときは、嬉しさと一緒に、こんなふうにしてもらったのだから、この人のために最後まで頑張らなくちゃ……と思ったものだ。

その後も、適当に間を開けては何度か通った。保険がどうのというより、この方のことが気になるから。知的障害の方のための地域の授産施設を調べ、リストを作ってお渡ししたりした。喜びはしたが、それで特に行動を起こしたわけでもないようだった。間をあけつつ通い、何やら困っていそうなこと——たとえばどこそこに行かなくちゃならないのだが、乗り換えがよくわからないとか。スマホで調べればいいだけのことなので、その場で調べてあげたらとても喜んでくれた。

〝その程度〟のことを積み重ねていくうち、この方から少しずつ信頼を得ることが出来たのか、それから半年以上たってからのこと、あるとき、この方のもう一人の娘さんから電話が来た。浅井さんが入院されたとのこと、「保険のことはこの人に聞いてくれればわかるから」と私に電話するように言ったというのである。

浅井さんがウチの会社で入っていた保険はなく、私が頂いた年金だけだったので、聞かれてもわからないのだが、何より私に聞いてくればちゃんとやってくれるからと思ってくれていたというのが嬉しい（だったら他社の保険証書も見せてくれればよかったのに……）。

保険の仕事は、契約を取って終わるのではなく、お客様と信頼関係を築いて、保険については何でも聞いてもらえるような間柄になり、紹介などもいただけるようになっていくのが目標だ。その意味で、この方とは、生保営業のいわば基本的なところを、ゼロから半年で築くことが出来た、思い出深いお客さんだった。

引継ぎ担当

X社では、入社と同時に、既存のルートセールスのお客様を頂く。これを引継ぎ担当という。引継ぎ担当は、主として辞めた人のお客さんと説明されたが、実際にはそれだけでなく、2年間担当者がフォローしないお客様（PC上でサインしてもらうのでわかるようになっている）が新人に落ちてくる仕組みになっている。フォローしていないというのは、担当者が怠けていたというのもあるだろうが、まったく連絡の取れない方、クレーマーみたいな方、訪問お断りの方であることも多い。

だから新しい担当になりましたと挨拶に行ったら、「二度と来るなってこのあいだ言ったばかりだろうが!」と怒鳴られて終わることもしばしば。単に本社のコンピュータがシステマチックに行うだけだから、こういうことが起きる。「数もたくさんあるから仕方ない」と上の人たちは言うが、そういうわけでもないだろう。単に面倒なのか、どうでもいいと思っているだけだ(ズルをしていないかみたいな監視や抜き打ち検査は度々行われるのだから、こういうことだけ出来ないというのは嘘だろう)。

ところでこの引継ぎ担当、私は70人くらいもらったが、クレーマー、訪問拒否、まったく連絡がつかない人、実は先輩の得意客だったため戻さざるをえなかったケースを除くと、会えたのはせいぜいその半分だった。

私の同期の他営業所の女性は、最初の段階で100人とか140人もらっていた。彼女たちのオフィスは、支社でも成績がダントツに良いオフィスで、顧客が多くて扱う数字が大きい上に、しかも最近、優績者の女性が大量に定年退職したということで、たくさんの得意客をもらっての幸運なスタートとなったらしい。

営業だから運・不運があるのは仕方がないが、こんな感じで、所属オフィスによって差が出る。成績のいいオフィスは持っている数字も大きいから、〝おこぼれ〟も大きい。入社してわかったが、私の所属したオフィスは支社でも成績の悪いオフィスで、大きな法人もなく、顧客も少ないオフィスだった。

なおX社では生保レディたちは紹介者のオフィスに所属する決まりで、オフィスを変えることはできない（遠方への引っ越しなどを除く）。

私のオフィスは、成績は悪いが人数だけは支社でもダントツに多く、広いフロアにたくさんの机が並んでいた。なぜこうなっているかと言うと、X社では「増産と採用」といって、保険契約と同じくらい採用に重きを置く。逆に言うと、保険契約が取れない人は採用でポイントを稼ぐことができる。保険契約が取れない分、採用をガンバった結果、オフィスの人数は増え、人数が増えればさらに一人当たりの引継ぎ顧客や職営できる会社も減り、担当エリアも小さくなっていく。

もちろん顧客とは自分が開拓していくものだが、こんな感じで所属オフィスによってかなり差が出たりすることは、頭に入れておきたい。

職域営業

長い朝礼が終わると、昼近くになっていることもある。そのあと、「行ってきまーす」と言ってバラけていく。中にはそのまま家に帰ってしまう人も。

営業だから時間を自由に組めるのは、この仕事の利点のひとつだろう。生保レディたちが、「何のかんのとパートよりマシ」と語るゆえんのひとつでもある。もっとも夕方、「帰社報告」なるものをしなくてはならないので、サボるにしてもアリバイが必要だが。

サボるサボらないはともかく、自宅が近い方が働きやすいのは事実。法人を中心に回る都市部のオフィスに所属するなら時間をかけて通勤する意味もあるが、そうでないなら、自宅に近いオフィスに通う方が良いかもしれない。生保レディの仕事は〝公私混同〟でもあるので、顧客も通いやすい距離にある方が有利だからだ。ある古参の生保レディは、「私が続けられたのは家が近かったら。遠かったらとっくに辞めていた」と語っていた。

私は通勤に車で片道45分の距離だったから、帰るに帰りづらい。確かに家から近かったら、続けていたかもしれない。

ところで、生保レディは、お昼は12時にはとらない。昼休みは生保レディの大事なルーティーンワーク「職域営業」（略して職営）をしなくてはならない。決められた会社に出入りさせてもらい、そこで営業活動をさせてもらうというものだ。頻繁に訪問をしてそこの人と仲良くなるのが目的。飴玉やら自社ロゴ入りティッシュペーパーなどを配り歩いて、挨拶して回る。バレンタインデーにはチョコレートを配り、節分には豆を配ったりする（自費）。ある一定規模の会社であれば、たいていはどこかの保険会社が来ているものだ。

デキる生保レディは、会社の人、とりわけ事情通みたいな女性と仲良くなり、誰それが結婚するだの、お子さんが生まれるらしいだのライフスタイルにかかわる情報をさりげなく収集、上手に契約を取っていく。私は苦手だったが。

これは夫から聞いた話だが、夫の会社に出入りしていたあるデキる生保レディは、保険契約のみならず、複数の会社に出入りしている職業柄を生かし、会社の独身男女に交際相手を紹介するなどし、結婚にまで至らせたとか。こうなるともう笑いが止まらなかったに違いない。何せ仲人さんだもの、子どもが生まれれば、こども保険に学資保険、その他、がん保険に損保……芋づる式に契約が取れたに違いない。

なお、こういう職域営業は、中堅規模以上の会社となると複数の保険会社が出入りしていることも多いが、「都心部の大企業とか何社も生保レディが出入りするから、壁にずらりと並んで、向こうから選んでもらうのを待っているんだよ」だそうだ。これではまるで女性をご指名するお店みたいだ。

もっとも最近はセキュリティの関係で、保険会社の出入りを禁止する会社も増えたし（霞が関官庁なども原則として出入り禁止らしい）、新入社員も少なくなり、非正規雇用者では保険に入る余裕がないことがほとんどなので、なかなか契約が挙げづらいのが実情だ。

夫の会社も、長引く不況を受けて業績が低迷、高額だが保障内容の良い民間の保険に入る余裕のある人も少なくなり、新入社員も採用がぐっと減って、気が付けば出入りの生保さんも来なくなっていたとか。

「たまに来るけど、しばらくすると来なくなって、今度は違う人が来て、星占いとか生年月日の新聞とか置いていくけど、あまり誰も相手にしていない感じ。だってみんな保険なんてもう入る余裕ないもん」

だそうである。

ちなみに私がもらった「職域営業」の会社は、公営の給食センターだった。公務員ということで最初は大喜びした私だったが、やがてそんなに〝うま味〟がないことに気づく。従業員の少なからずが非正規公務員だったというのもそうだが、公務員の方は公務員向けの共済があって、ほとんどのケースでそれに加入しているからだ。公務員向けのそれは保障内容に比して掛け金も安いことが多い。

それでも一昔前までは、「いつも会社に来てくれるから」とか「もう一つくらい保険に入っても良い」とか、そんな理由で民間の生保にも入ってくれる人も大勢いたようだが、今は地方公務員の方もそんな余裕もないとみえ、私の訪問先ではついぞ良い結果は出なかった。

しかし私が辞めて半年後、私の職営を引き継いだ方が、見事に契約をゲットしたそうだ。こんな感じで、もう絶対にダメだと思いつつも、それでもしぶとく通っていたら、ある日突然契約になったとか、そんな話がゴマンとあり、引くに引けないのが職営。期待せず、ただ黙々と、日常の延長のような感覚で通い続けるのが良いらしい。

引継ぎ担当、飛び込み営業、職域営業、これらが生保の基本的営業パターンだが、もっとも手堅い営業方法はやはり、家族・親戚・友人知人。自分の人脈を利用すること。

いまどき保険なんて皆どこかに入っているのが普通、やはり自分の人脈を駆使しながら、なんとかお願いして、必要性を感じていただき、契約して頂くのがもっとも手っ取り早い。

もちろん、飛び込みだろうが職営だろうが、人間関係を作って営業するわけだから、既存の人間関係を利用するか、新たに人間関係を作っていくか――これが保険セールスの基本といってもいいかもしれない。

保険の仕事とは、その意味で、友達・知人作りがそのまま仕事になるという、面白い側面がある。仕事に慣れてきた頃、ペアを組んだ女性と、地元のコミュニティでやっている料理教室などに顔を出し、アンケートをもらったり、地域の人と知り合いになったりした。私は途中で会社を辞めてしまったけれど、ペアの女性はそこから契約に結び付けたようである。

お客様から宗教勧誘

堀田さんは、引継ぎ担当の既存客だった。話好きで柔和な物腰のこの老婦人は、驚くべきことに、ちっともいいと思えなかったお見直しプランにサクッと同意してくださった。医療保険の入院日額をアップさせ、その分、値段も上げたプランだったが、値段に見合わないと私は思っていた。

さらに驚いたのは、堀田さん曰く「一応、娘に了承とらないと」ということで、同居の娘さんにも同席いただいたのだが、その娘さんがOKを出したのである。

何せ、その娘さんときたら、私たちの前で平気で堀田さん、つまりお母さんのことを怒鳴りつけるのである。「フミコ、フミコ」と堀田さんが彼女の名前を呼ぶだけで、「何よ！」と喧嘩腰。堀田さんの方は、怒鳴られると黙ってスゴスゴと引き下がるといった風で、私は真剣に老人虐待を疑うほどだった。

堀田さんは娘さん夫婦とその孫と同居しているのだが、堀田さんは、お孫さんたちにすら、それほどの愛着がないように見えた。母親が祖母を邪険に扱うのを見ているから、孫たちもなつかないのだろうか。

たとえば、販促品の可愛いキャラクター入りの貯金箱だとかメモ帳だとかをこの年齢の方にお渡しするとき、「良かったらお孫さんにでも差し上げて下さい」などと言うと喜んで下さるものだが、堀田さんの場合、「孫？　ああ、そうね」くらいの白けた返答なのだ、ご同居なのに。孫を引き合いに出しても喜ばないとわかったので、「可愛い絵が描いてあるので、奥様に喜んでもらえると思って……」くらいにしておくことにした。そうすると「そうねえ、可愛いわねえ」と自然な笑顔を浮かべてくださる。

仕事というより、堀田さんのことが気にかかり、何度か通わせていただいた。ただ堀田さんは、ある宗教団体の熱心な信者だそうで、ときおり勧誘されるのが億劫ではあった。

「私は○○を信仰するようになってから、本当にいいことづくめになったわ。だからあなたも来てみない？」

とおっしゃるのだが、堀田さんの置かれている状況が、いいことづくめとはまったく思えない。堀田さんは現在ご主人と別居中だが（別居するために娘の家に転居してきた）、心の中ではきっぱりと離婚が成立しているようで、ご主人とも一切の関りを断っていた。あまり幸せでなかったらしい彼女の結婚生活について深く尋ねたことはないが、堀田さん曰く、

「私は性格のきつい女だから。うまくいかなかったのよ」

温和で優しい顔立ちのこの女性のどこがきつい性格なのか？　本当に不思議なので、

「奥様のどこがきつい性格なんですか？　まったく反対でしょう、お優しいのに」

「優しくなんてないわ、私はきつい性格の女なのよ」

などと遠くを見るような眼で言う。

この優しそうな女性をして、きつい女にならしめる環境に思いを馳せつつ、あるいは、実母を堂々と人前で怒鳴りつけるあの娘さんのことを思い出し、あるいはこの方も若い頃はああだったのかしら？　とも思ったが、やっぱり2人は重ならない。

販促グッズは会社から購入

生保レディは、会社によれば「正社員」ということだったが（募集時も正社員ということで募集していた）、税制上の扱いは「個人事業主」である。つまり仕事にかかわる一切の経費は自前。

生保レディが個人事業主扱いで経費が自前であり、確定申告が必須であることは私は知っていたので（さらに言えば、正式な立ち位置としては個人事業主であるはずなのに、実態は労働者そのものであり、過去には生保レディは労働者か個人事業主かを争点とする訴訟もしばしば起き、おおむね、「労働者」として認める判決が出ていることも知っている）、これについては特にどうとも思わなかったが、同期入社のサトミさんなどは、経費が自前ということがわかっていないまま入社されたようで、「正社員なのになんで経費が自分なの？」と怒っていた。

確かに。「正社員」なのになんで経費が自分持ち……という以前に、税制上は個人事業主である以上、正社員という呼称はおかしくないか？

これについては後述するとして、ともかく、販促グッズのみならず、交通費、仕事で使う名刺やスタンプ、文具に至るまですべて自前。これがバカにならない。

こうした販促グッズ等は会社から購入できるようになっていて、X社の場合、こうした販促グッズを扱う子会社というのか別事業所があって、生保レディたちはここから購入する。つまり会社は給与として払った分を、販促グッズの購入という形で還元させるのだ。まことによくできた商売であると思う。

研修室の講師、オフィスの上司たち曰く、

「こういうのをけちけちしてはダメ。たくさん取る人は必ず、たくさん使っている」

とのことであった。

なお契約を取ると、歩合の一部が〝現物支給〟になる。販促グッズをくれるのだ。新人の間は、さらに既定のお客様訪問活動を一定件数行うと、ロゴ入りポケットティッシュセットをプレゼントしてくれる。買わないですむのでありがたかったが、歩合は歩合としてカネでもらう方がありがたい。要はカネを払いたくなくて、現物支給でごまかされている気がする（もっとも支払われたところで500～2000円くらい）。

私の支社ではほぼ毎月、お客様をお呼びして接待するための、色々なイベントが企画された。たとえばゴルフコンペ、飲み会などだ。この場合、主な対象は社長や法人役員などで、参加費は無料もしくは格安で設定されている。

「へー、ゴルフとかタダで行けるんだ、いいね」

と参加無料と大きく書かれたチラシを見ながら1年先輩の子に言ったら、

「まさか。お客様はタダだけど、私たちは払うんだよ」

とのことだった。

よくよく聞くと、お客様もタダなわけではなくて、お客様の分を生保レディが払うのだった（オフィスや支社が負担する場合もある）。こうやって身銭を切って接待してお客様を喜ばせ（あるいは根負けさせ？）るのがテクニック、ということか。

しかも、ゴルフコンペで優勝すると記念品の贈答などがあるらしいのだが、その贈答品も生保レディのツケになるという。

部長や上司たちが言うには、「こうやって会社が私たちのためにいろいろなイベントを企画してくれているのよ」とか「しかも半額負担してくれてなんていい会社」「他の生保は半額負担なんかしてくれないのよ」とのことだった。

確かに昔は、こうしたイベントは全額募集人の負担だったらしいし、他生保ではゴルフコンペやらディナーショーやら生保レディに自費で全額買い取りさせ、自爆営業させるところもあるそうなので、それに比べたら、生保レディの負担に一定の歯止めをかけ、経済的負担を軽くしたX社のシステムは、確かにとても恵まれている。

なお、現在の部長やマネージャーたちが現場でバリバリ仕事をしていたころというのは、バブル期は終わっていたとはいえ、今よりずっと稼ぎも良かった時代だ。そのころだったら、出ていくお金が多くとも、入ってくるお金も今よりは多いから、それほど気にはならなかったと思う。今現在この会社で働くことのメリットは、「正社員になれる」「社会保険完備で厚生年金だから老後も安心」「パートで働くよりマシ」などである。経費の一部ないし全部負担制度に感謝しろと言われても、実感が湧きにくいのが正直なところではないか。

そのようなわけで、ノルマが達成できなければ基本の営業手当は減額になるし、その他天引きも色々あったりで、手取り10万円以下なんてザラにあるから、この中から経費や交際費を捻出していくと、手元に残る実質給与は3～5万円なんて事態も普通におきる。

手紙と自社ロゴ入りポケットティッシュ

販促グッズの中でも最も頻繁に使うのは、自社ロゴ入りポケットティッシュである。いわばこれは、生保レディの7つ道具のひとつというべきで、レディたちのロッカーを開ければ、たんまりとストックが出てくるはずだ。

今時分は、平日昼なんて留守宅ばかりだし、電話しても留守か居留守か、録音に入れても折り返しがくることはまずない。留守電に生保レディから連絡が入っていても大抵の人は、「どうせまた見直ししませんかとか、特約つけませんかって言って保険料を上げようとするんだろうな、面倒臭いから居留守しとこう」

くらいにしか思ってくれないから、折り返しなど期待してはいけない。

ではどうするかというと、電話などの前に必ず、時候の挨拶をしたためたお手紙を、自社ロゴ入りのポケットティッシュなどと共に、まずポストに投函する。この手紙と電話のアプローチを何回か行っておくと、たまたま在宅時に会えたときもグッと心象がいいし、居留守を使っていた人も、いつしかドアを開けてくれたり、電話に出てくれたり、折り返してくれたりする。「いつも手紙とか入れてくれてありがとう」とか「何度も連絡いただいてすみません」なんて言われたりしながら（もちろん、開口一番「何度も何度もうるさいのはお前か！」と怒鳴られることもあります）。

手紙を書くのは、生保レディの大事な仕事のひとつである。

上の人たちは、手紙を読んでもらうためには、女性らしいきれいな柄の便せんに手書きがいいという人も多いが、特にそういうものでもないだろう。とはいえ、会社で貸与されているパソコンは顧客管理用のためのもので、ワード等も搭載されていないし、仮に自分のパソコンを持ち込んだとしても、プリンターに繋げられるようにもなっていないから、必然的に手書きになる。

手書きは面倒なので、しょうがないので家のパソコンで手紙を書いてプリントアウトしたりもした。大量に刷られたものの1枚ではなく、その人に向けて書かれているとわかる内容であることが大事。

手紙は、そのまま捨てられないように、自社ロゴ入りポケットティッシュと同封して投函する。そうすると、まあ何とか開けてチラっと読むぐらいはしてくれるようだ。

生命保険のニーズ喚起

飛び込み営業などで「ちょうど保険に入りたいと思っていた」なんて人に会えることなどまずないと書いたが、そういう人に遭遇すること自体は実は時々ある。どういう人かというと持病を持っていたり、病中病後だったりする人だ。しかし残念ながら病気の人は保険に入れない。保険に入れるのは健康な人のみである。

ここが生命保険営業の悩ましい（あるいは辛い？）ところで、ほとんどの販売仕事は、ニーズのある人に売っていくものだが、生命保険は、健康に現実の不安を抱えている本当のニーズがある人には販売することが出来ず、今のところニーズがなく、将来的にもあまりニーズがなさそうな人、が最も良い。ニーズがない人にニーズを感じてもらい、やる気を起こさせなくてはならない。これを洗脳ならぬ保険の「ニーズ喚起」という。

X社の生命保険のニーズ喚起は、おおむね2つ。

・ひたすら病気や事故の危険を煽る
・万が一のときに保険がどんなに役立つかを力説する

さらに付け加えるとすると、

・これからは自助努力の時代なので、自分で備えていかないといけないということを強調して、顧客をその気にさせる。

顧客への洗脳の前にまずするべきは、自分への洗脳である。自分がその気にならなくて、お客様をその気にできるわけがない。

なお、〝ニーズ喚起〟の方向性は、生命保険各社によって微妙に違うようだ。

たとえば、ある有名な外資系〝男性生保〟のニーズ喚起の方向性は愛。「保険は愛」とのキャッチコピーの元、情緒に訴えかける戦術で有名だ。

20～30代の既婚男性に対しては、万が一のことがあっても、家族が困らないよう、子どもが学業を諦めなくてもいいようきちんと備えておくことこそが、家族への愛だとして高額商品を勧めるらしい。まるで高額であればあるほど愛が深いかのように。

週末の外食もいいけれど、子どもにおもちゃを買ってやるのもいいけれど、万が一に備えて万全の備えをしておくことこそが本当の愛ではないのか？　生命保険は自分に万が一のことがあったときの、家族への最後のプレゼント……そのセールストークはまるで愛の福音伝道者のようだとか。

ただ私はこれを聞いて、X社のニーズ喚起よりこちらの方が説得力があるし、時代のニーズにも合っているなと思った。病気への不安、万が一への考え方もまた人それぞれ、小難しい理屈を並べるより、〝愛〟で押し切る方が心に響く気がする。

そんなわけで洗脳というのか、ニーズ喚起というのか、その方向性も各社によって違うようだが、顧客に何か思い込ませたり、何らかの価値観を植え付けてプチ洗脳することから始まるのが、生命保険セールスのようである。

保険ショップの活用方法

Aさんは20代後半の既婚女性。これぞというお見積りを作り、しっかりご説明して「いかがですか?」とお尋ねしたら、

「そうですね、検討してみます。保険ショップも行こうと思っているので」

とのこと。はあ、そうですか……。まあ、よくあるパターンではある。

消費者の立場からすれば、それはそうだろう。一社の生保レディから契約するより、保険ショップ（業界用語では「保険代理店」「乗り合い代理店」などという）のように数社の保険を見比べることの出来る方がいいに決まっている。

ただこれは業界関係者なら誰でも知っていることだが、保険ショップだからといって、必ずしも公平で選択肢が多いというものでもない。なぜなら保険ショップもまた成約に応じて手数料をもらうので、手数料の大きい保険を売ろうとするバイアスがかかるし、ショップの得意とする保険会社とそうでないものもある。幅広い選択肢の中から選んでいるようで、実は選ばされているという側面は否めない。

それでも、生保レディからだけでなくショップに行きたいと感じるのはそうだろう。他の情報も知りたいし。

ところでショップには、保険に関心がある人・入りたい人が集まるわけだから、見込み客を見つけるところから苦労している私たちに比べると本当に羨ましい。私も、保険ショップの近くに張り込んで、ショップから出てくる人を追っかけていって営業してみようかなどと真面目に考えたが、見つかってクレームになったら恥ずかしいので実現できなかった（私は辞めてしまったが、続けていたら、絶対一度はトライしてみたことだろう）。

さて、消費者の方が保険ショップを利用するように、私（たち）もまた保険ショップを利用する。情報収集のためだ。

生保であることは隠してお客様のフリをして、オススメの保険やら年金やらを教えてもらい、ついでにパンフなどももらってきて、自分の営業で使わせていただいた。

お客様がお出しした見積もりでウンと言って下さらないとき、さりげなくその人のニーズに合いそうな他社の商品情報も教えてあげたりする。もちろん販売はできないし、バーター取引も違反なので、あくまで他社情報を教えてあげるというだけ。

自社商品がいちばん素晴らしいと、しつこく押し切って成約させるベテラン生保レディもいるようだが、そんな技能は私にはないので（正直に言えばやりたくないので）、そういうときは、「○○社さんの方がニーズにあっているかもしれませんね、ちょっとこれは内緒なんですけどね、こういうの、ご存じですか……」という感じで、もったいぶって他社商品パンフをカバンから出し、興味があったら保険ショップなどに行かれてみては？　というふうに流す。

この場合、他社商品がいいか悪いかというより、お客様が少し選んでいるような気持ちになれることが大事だし、トークも煮詰まってきたときにお客様の視線をそらし気分を変える効果がある。保険の知識の豊富な人という印象を与えることもできる。仮にその商品はダメでも別の機会に別の商品で、あるいは紹介をお願いできるかもしれないので、そっちを狙う。

そんな感じで保険ショップに行かれてしまったケースもあったが、ある方は、私へのお礼の意味もあってだと思うが、自社の別の商品で契約してくれた。

仕事に面白みを感じなくなっていたころ、このやり方に変えることで、グンと仕事が面白くなった。それで抜きんでた成績を出せたわけもないが、お客様から信頼を得られたような気持になれたのが嬉しかった。

オフィスの片隅の一輪の花

中小企業・零細企業のオフィスの片隅に、一輪の花が飾られているのを見たことがあるかもしれない。

それはもしかしたら、生保レディが持ってきたものかもしれない。

X社では、一輪の花という営業手法が行われていた。これは一輪の花を、これぞというオフィスに毎週お届けするというもので、花は1本100円（レディたちの負担）。花と一緒に花瓶も貸し出しだが、お花をお持ちしましたと言って、オフィスの片隅にでも飾らせてもらうのだ。

いわゆる「職域営業」が、比較的従業員の多い会社をターゲットに行われるのに対し、この花一輪は、従業員があまり多くない中小零細のオフィスなど、主として社長さんや役員クラスの方に営業したい場合などによく用いられる。通わせてもらって仲良くなっていくための口実のひとつである。

お花をもらって嫌だという人はいない。ただ花束では邪魔になるし飾る場所も選ぶし、そもそもタダではもらえないということになるが、一輪なので邪魔にもならず。生保レディが花瓶に挿して、どこかオフィスの目立たないところなどに置かせてもらい、週に一度、水とお花を替えにお伺いする。

この花一輪、実は意外に侮れない。確実に週に1回訪問することになるというのもそうだが、女性が花一輪を携えてやってきて、オフィスの目立たないところに飾っている姿は、やはりそれなりに可憐に見えるというもので、当該社長さんが苦労人であればあるほど、グッときて下さる。そもそも机に花一輪あるだけで周辺が明るくなるのは事実。かなりの高確率で、「いつもお花、どうもありがとうね、そのうち保険でも頼んであげないと」みたいな気持ちになって下さるらしい。

それにしても、本当に「花一輪」というのは、生保営業のある種の手法を象徴しているなあと思う。

職営などがいい例だが、生保レディはあまり個性的でない方がいい。当たらず障らず、誰からも嫌われないことが大事だから。個性を出さず、主張もせず、誰の邪魔にもならず、しかし、居場所はしっかり確保していて確かに目に入り、何かあったときにはお声が掛かる、そんな存在。オフィスの片隅の一輪の花そのものだ。

なお「花一輪」のキモは、毎週必ずお伺いし、お花と水を取り替えることだ。これを怠り、花は枯れて茶色い花弁があたりに落ち、水は汚れて濁ってきても誰も片付けにも来ないとなったら、かえって逆効果であることは言うまでもない。

オシとヒキとタメ

私が生保営業に対して持っていたイメージは、「しつこい」イメージ。生保を敬遠していた理由のひとつでもある。

実際はどうなのだろう。生保営業はしつこいのか？　答えはもちろん人によるとしかいいようがない。何時間も粘って取る人も当然いる。

しつこくしないとトップセールスになれないのか？　そんなことはないと思う。元村トレーナーは、ともかく保険を取ることにかけてはプロ中のプロという感じ。とても上手に取る。しかもしつこくない。さっぱりしている。

押せば取れるなと思えば強く押すが、この人は無理だと思えばサクッと引く。簡単には諦めないけれど、しつこくもなかった。このあたりの見極めは長年の経験から来るカンであろう。はっきりした声で、明るく元気にお話しするので、わかりやすい。人懐っこい雰囲気があるので、それも彼女のセールスポイントだ。

ところで、やりたい感じはあるものの、お客様もどこか引っ掛かるところがあるのだろう、確かにかなり迷われているなという感じで、押しても引いても動かないときがある。同じ話を堂々巡りでお客さんもちょっと飽きてきたかなというとき、トレーナーは、今度は〝ダメ〟に出る。

「あの、ちょっと……ごめんなさい」

「はい、何か？」

「あの、ちょっと……」

「……どうかなさいましたか」

「あの……」

「……はい」

ここでグッとためる。

「……すみません……ちょっと、ちょっと……」

さらにためて、

「あの、あの……、やだわ、私ったら、いえ、あの……いえ、あの……」

お客様も少し心配になって顔を覗き込むと、ここ一番で一気に放出。

「ごめんなさい、トイレお借りしてもよろしいでしょうか⁉　やだわ、私ったら、ごめんなさいね（ここでさらにニコッ）、実はさっきから行きたかったんですけど、言い出せなくて……やだわ、本当にごめんなさい、恥ずかしい」

「なぁんだ、そんなことでしたら、もっと早くに言ってくだされぱいいのに（お客様もニコッ）、さあどうぞどうぞ、好きなだけお使いになって‼」

というような感じで、さりげなく別の緊張感を演出した後、一気にその場の雰囲気を和やかに変えたりする。これは元村氏のジンクスのひとつで、

「あのタイミングでトイレを借りれると、取れる」

のだそうだ（ただし、ジンクスなので外れるときもある）。

あの〝タメ〟の演出はいつか見習いたいと思ったものだ。いずれにしても、人懐っこい笑顔で、明るく、しつこくない元村トレーナーの営業スタイルは見ていて気持ちが良い。

元村氏は努力家で、かつ、いろいろ苦労もされているのだと聞いたけど、そんなことは微塵

も感じさせなかった。きっと人生のさまざまな局面を、持ち前の明るさで乗り切ってきたのだろう。

今日も明るく、オシとヒキとタメで頑張っているに違いない。

It's OLD営業?

元村トレーナーがよく言ってたのは、

「私たちの仕事は足で取る」

ということ。つまりともかく通え、電話で済むことも、可能であれば（先方が嫌がってないなら）会いに行く、ということだ。

家に行って留守だったら、ポケットティッシュの投函など、必ず「会いに来た」足跡ならぬ痕跡を残す。だから40年前のニッセイのテレビCMではないが、生保のおばさんたちは今日もまた自転車で回りながら、笑顔を運んでいる。この方法論は、50年以上、ずっと変わっていないと思う。

ふとここで思い出すのは、ウェブ会議システムのベルフェイスのCM。

元アルマーニのモデルにして、現在は筋骨隆々の中年イケメンタレント照英がズボンのすそをまくって、ふくらはぎのヒラメ筋を見せながら、

「足で取る！　これが営業だ！」

と堂々宣う（別バージョンもあって、「何度も通って恩を売る！　それが営業だ！」などもある）。その後、画面が変わって、【It's OLD 営業？】のテロップと「デスクで営業できる」ベルフェイスのシステムが紹介されるというCM。

照英扮する、いかにも昭和を代表するような営業マンの様相が面白いので記憶にとどめておられる方も多いと思う。

この理論に従えば、生保レディ営業はバリバリのオールド営業。

ただ会社は、そのオールドなやり方を推奨している。会社から貸与されているパソコンも、イントラネットには接続できるが通常ウェブには制限がかかるし、ワード等も搭載されていない。メールは送信可能とはいえ、ウェブやITを駆使する営業は期待されていないようだ。

それでもこれからはさらにネット時代になっていくわけだし、保険代理店は増加するだろうし、こうしたオールドスタイルばかりでいいの？　と思わないでもないが……とりあえずはいいようで。

たとえば2008年、第一生命社長（当時）の斎藤勝利氏は東洋経済オンラインのトップインタビューでこのように語っている。

「死亡保障というマーケットは約3兆円といわれていますが、それはお客様が店に買いに来るとか、インターネットで申し込むというものではなく、ニーズを喚起して、作り上げてきたマーケットです。そのニーズを喚起する最大の主体が営業職員です。自動車保険とかはネットになじみますが、米国をみても生保商品はフェースｔ・ツー・フェースのチャネルが7割以上を占めています。私どもは十年来ＣＳ調査をやっていますが、営業職員が一定の頻度で訪問することが、お客様の満足度の高さにつながっており、それが信頼いただける行動でもあるわけです」（２００８・11・13、国内生保・大手9社トップインタビュー）

２００８年だから今から10年以上前だが、当時としても、ほとんどの業種でネットが主要ツールに成り代わっていたはずで、それでも斎藤氏によれば、生保商品はその特殊性ゆえ、アメリカですら7割がフェイス・トゥ・フェイスであると述べ、この方法論でよしとしている。

それから約10年。この方法論は今でも大丈夫なのだろうか。

次頁図は、日本生命保険文化センターが出している「生命保険にかかわる実態調査」からのものだが、これによると、平成21年度（２００９年）調査（２００４年から２００９年にかけての加入状況）によれば、営業職員から加入したケースは全体の68・1％。それから9年後の平成30年度（２０１８年）調査（２０１３年から２０１８年にかけての加入状況）では53・7％にまで落ちている。およそ15％近い下落である。

現状、営業職員からの加入が最も多く、依然として主力チャネルではあるが、減少傾向にあるのは確か。

かわって10年の間に増加したのは保険代理店で、こちらは２００９年度調査時からほぼ3倍

図　直近加入契約（民保）の加入チャネル

（%）

	生命保険会社の営業職員	家庭に来る営業職員	職場に来る営業職員	通信販売	インターネットを通じて	テレビ・新聞・雑誌などを通じて	生命保険会社の窓口	郵便局の窓口や営業職員 ※1	銀行・証券会社を通して	銀行を通して	都市銀行の窓口や銀行員（ゆうちょ銀行を含む）※2	地方銀行、信用金庫、信用組合の窓口や銀行員	信託銀行の窓口や銀行員	証券会社の窓口や営業職員	保険代理店の窓口や営業職員 ※3	保険代理店（金融機関を除く保険ショップ等）の窓口	保険代理店（金融機関を除く）の営業職員	勤め先や労働組合等を通じて	その他	不明
平成30年調査（平成25～30年に加入）	53.7	43.2	10.5	6.5	3.3	3.3	2.9	4.2	5.4	4.9	2.7	1.8	0.4	0.5	17.8	7.8	9.9	3.4	5.6	0.6
平成27年調査（平成22～27年に加入）	59.4	47.5	12.0	5.6	2.2	3.4	3.1	3.0	5.5	5.3	2.3	2.7	0.3	0.2	13.7	4.7	9.0	4.8	4.1	0.7
平成24年調査（平成19～24年に加入）	68.2	53.0	15.2	8.8	4.5	4.3	2.5	2.1	4.3	4.2	1.9	2.3	0.1	0.1	6.9	—	—	3.2	3.2	0.8
平成21年調査（平成16～21年に加入）	68.1	52.5	15.7	8.7	2.9	5.7	1.9	2.9	2.6	2.6	1.1	1.1	0.4	0.0	6.4	—	—	3.0	4.9	1.3
平成18年調査（平成13～18年に加入）	66.3	51.0	15.3	9.1	1.8	7.3	2.1	—	3.3	3.1	1.2	1.7	0.2	0.2	7.0	—	—	5.2	6.1	0.9

※かんぽ生命を除く

※これまで、下記のような選択肢の変更や追加、細分化などがあったため、調査結果を時系列で単純に比較できない。

※1　「郵便局の窓口や営業職員」は平成21年調査から設けている

※2　平成21年調査より「大手銀行の窓口や銀行員」を「都市銀行の窓口や銀行員（ゆうちょ銀行を含む）」に選択肢を変更している

※3　平成27年調査より「保険代理店の窓口や営業職員」を「保険代理店（金融機関を除く保険ショップ等）の窓口」と「保険代理店（金融機関を除く）の営業職員」の2つに細分化している

近くに増加した。銀行・証券会社からの加入、ネットによる加入は微増。ネットに関していうと、微減している年度もあるので、今のままのウェブ戦略のみの場合、そろそろ頭打ちかもしれず。

つまりここ10年の間に起こったのは、営業職員、新聞テレビ雑誌等、会社や労組から加入したケースが減って、保険代理店が躍進、銀行が着実に増えつつあり、ネットが微増（営業職員からのチャネルと、保険代理店、銀行の数字を足すと、先の斎藤氏の弁とおり、確かに、フェイス・トゥ・フェイスのチャネルで70％前後になっている）。

なお生保に関する情報をどのチャネルから入手したかについての別のデータでは、10年前も今も、人を介した情報収集を好む人の方が、そうでない人より圧倒的に多い（直近のデータでは、人を介さないケースを好む人の方が微減していた）。

生保商品とはその性質上、人（専門家？）を介して購入したいと考える人が多いようで、とすれば、生保レディのライバルは、ネットというよりは保険代理店ということになる。

なおこうした乗り合い保険代理店の躍進に対し、それぞれ数万人規模の生保レディたちを抱える国内生保大手各社も、２０１５年、中堅代理店を買収した日本生命をはじめ、代理店事業に続々と参入し始めた。第一生命は２０１７年には、ドラッグストアのマツモトキヨシと生保販売の業務提携にも乗り出している（保険代理店と保険会社の関係、代理店の収益の仕組み等については、『生命保険の不都合な真実』（柴田秀並著、光文社新書、２０１９年）などに詳しい）。

こうした世相に対し、生保レディの世界も変わりつつある。昔は自社商品のみの販売だったが、今は損保にがん、外貨建て、節税保険等々、提携会社の商品も販売するようになり、保険代理店ほどではないけれど、多様なニーズに対応できるようにしている。

とはいえ、一社のレディから購入するスタイルは、やはりまだ頭打ちにはならず、しばらくは減少が続くのではないだろうか。つまり仕事は、より大変になっていく。あるいは人員が余っていく？

もっとも、X社の場合、生保レディは契約ゼロを2か月以上連続で打つと基本給の支給が止まり、外部委嘱に移行、それでもゼロが続けば、そのまま解嘱になるから、会社にとってはそれほど負担にはならないと思うが。

そんなわけで現場では「ともかく会いに行け」「ともかく職営」「友人知人家族親戚」と叱咤され、10年1日の如く、同じやり方で頑張っていた。

なお、一口に生命保険募集人といっても、私たちのような中途の常時採用だけではなく、短大・大卒女子を対象とした新卒の定期採用組もいれば、男性の営業もいる。また総合職（基幹業務）で採用された、プロパーというのか、いわゆるエリートコースの中での営業もいる。同じ保険商品営業ではあるが、大企業や官公庁を優先的に回り、銀行や保険代理店などを担当し、ネット戦略を駆使するのはこちらの営業職の方。

オイシイ話は、まずはそちらに回る。末端の生保レディのところにまでは、なかなか流れてこない。

歩合はどのように決まるか

契約を頂くと歩合給として翌月に反映される。歩合給の計算は一律同じではなくややこしい。頂いた契約は、額の大小・会社への利益の大小によって、会社の定める「基準換算値」に換算される。この基準換算値に、なにがしかの掛け算がなされて歩合給が計算されていくのだが、職能クラス（後述）、その月に取った他の契約との合計などによって異なってくる。

ざっくり言うと、まず基準換算績値が高い金額の方が、低い方より高率で掛け算され、職能クラスの高い人の方が、低い人より高率で計算される。加えて、連続してノルマ達成していればさらに有利になったり、ともかく、あともう1件、あともう1件取らないと！　というベクトルが働くように工夫されている。

バンバン取る人はさらに有利になっていくが、やっと1件取れたような人には、あまりつかない。二極化傾向の強い歩合給計算だ。

一般に、契約金額が高ければ基準換算値も高くなる（歩合が高くなる）が、そうとも言い切れなかったりする。契約金額が高くても基準換算値が伸びない場合もあれば逆もある。とある

ベテランさんにこのことを言うと、

「お客さんにとっていい契約だと基準換算はあまり良くなくて、お客さんにとってあまりいいプランじゃないと基準換算が高い」

とズバリそのものみたいな答えが返ってきた。

これはつまり、会社にもたらすであろう利益の問題。たとえば若い人に、掛け捨ての、死亡時の保障も高額で毎月の支払いも高額になるプランの契約をしてもらうと、若い人は死亡率が低いので会社に利益をもたらす可能性が高くなり、基準換算値は高くなる。これは誰しも納得しえると思う。

ただ比較的年齢のいった人が、保障も支払いも高額になる保険に入ってもらうと、実はもっと換算値が高かったりする（例外もあり）。また利率の良い昔の保険を〝転換〟して、利率の良くない保険に乗り換えさせるのも換算値が高い。

X社では、こういうお客様の月々の支払いが高額になったり、会社の利益率が高くなる、よって生保レディたちの歩合も高くなる基準換算値の高いプランのことを「ベストプラン」と呼んでいた。ベストプランだから、お客様にとって不利というわけではない。お客様の支払いは高額になるがとても良いプランというのも普通に存在する。ただ自分の歩合を大きくするためだけのプランであることもあり、正直、お客様のためになるとは思えないプランを提案するのは苦痛である（歩合が高額といったってたかが知れているともいえるし）。部長は、

「ベストプランも作って必ず持っていきなさい！　ほら、基準換算〇〇円なのよ、欲しいでしょ」

と叱咤し、

「いいプランかよくないプランかはお客様が決めることで私たちが決めることではない。ともかく提案すること」

と語る（それはその通りである）。

そもそも世の中には、あまり難しいことを言われてもわからないので、勧められたものでとりあえずOKするという殊勝な方もいらっしゃるので、こんな高額な保障いらないでしょ、というようなプランでも、サクッと決まることもままある。

そんなわけで、お客様のためにはならないなと思っても、自分のために、一生懸命提案し加入を勧めなくてはならない。

「お客様のためにならないなんて言ったら売れるわけないじゃない。自分でいいプランだと思わなければ売れないでしょ、だからいいと思わないと」

ということで、生命保険販売の第一歩とは、自分で自分を洗脳してかかることである。「いいプランじゃないか、いい特約じゃないか」「こんなにもらえるのよ！」と自分で自分に言い聞かせる。成績の良い生保レディは、おおむねそういう感じで、自分で自分を洗脳している。

なお、この基準換算値は常に一定というわけではなく、会社の都合によって、時に変動する。

別に何か通達されるわけでも、下がった理由が説明されるわけでもない。何か言ったところで、返ってくるのは「会社の言うことをきけ」「ともかくやればいいのよ」くらいしか言われないだろうけど。

ところで、あるとき飛び込み営業で回っていたら、こんなことがあった。

住宅地のただなかにあった小さな家内手工業の会社。こちらの奥様は、聞けば30年来の友人が弊社の生保レディとのことで、その人に自分の保険はお願いしているとのこと。

そのままスゴスゴ引き下がるべき案件であるが、なぜか、ふとどんな保険に入っているのか聞いてしまった。30年来の友人からであれば、昔の、予定利率のいい保険に入っているのだろうなと思いつつ。

ところが違ったのである。保険証書を見せてもらったわけではないので、以下、会話からの推測にすぎないが、彼女は最近発売の掛け捨て保険に入っていた。その他、話から推測するに、昔入っていた保険を〝下取り〟して新しい保険に乗り換えたり……というのを恐らく何度か繰り返し、現在の保険に行きついたパターンかと思われる。

下取りとは、保険の解約返戻金や満期支払い分を新しい保険の金額の一部に充当させることをいうが、昔の保険は今よりずっと予定利率が良いので、しない方がいいのだ。ただし、こういう、とっておいた方がいいような保険を下取りして新商品に乗り換えをさせると、生保レディの歩合がとても良くなる。

推測に過ぎないが、恐らく、この奥様がお人よしで保険に知識がないのをいいことに、お客様には不利なのを分かっていながら、当該生保レディは自分の成績のために、上手にセールスして販売してきたのではないかと思われる。

その方は、自分が不利な契約をさせられているなど微塵も疑っていなかった。もし保険証書等を見せてもらって、私が推測したとおりだったとして、それを指摘したら……30年来の友情はどうなったんだろう?

なお生保レディの名誉のために言っておくと、自分の利益のためにお客様に不利な誘導をする生保レディも確かにいるが、誠実に、お客様本位の商品提案をする生保レディももちろんたくさんいる。誠実な仕事をする人たちが最後には勝つのだ、と思いたい。

第4章　給与体系のカラクリ

あれ？　給料が減っている!?

オフィスに戻ってしばらくしてのこと、私はPC上で、わくわくしながら次月の給与明細を見ていたら、あることに気づいた。

おかしい。給与が減っている。次月は歩合給がつくのに。よく見ると確かに歩合給はついているのだが、全体の給与が上がっていない。

なんでなんで？　これおかしい。あわや上の人に抗議に行くくらいの勢いであったが、改めて給与体系の本をめくったりしながら気づく。

これでいいらしい。入社4か月目になると、基本の営業手当が1万円下がるらしいのである。

思えば、そのことは研修でも説明されていたが、その時は意味がわからなかったのだ。なぜかというと、入社3か月目から2年間は新人扱いなので、最低手取り14万円と入社前に説明されていたから。

だから4か月目に1万円営業手当が下がるとは本には書いてあったが、何か別の手当てか何かで帳尻が合わさるのだろうと勝手に思っていたのだった。

しかし、そういうわけではなく、入社4か月目をして基本の営業手当はそれまでの12万円から1万円下がって11万円になり、これに色々手当と歩合がついて額面では15万円程度、手取りにして約13万円になっていた。

それで歩合がついても、歩合がなかった前月と給与が変わらなかったのだ。

改めて思い返す。入社前のあの説明、なんだったの？

入社前の説明によれば、「最初の1か月目は16万円（プラス会社までの交通費）、2か月目はここから社会保障費等が引かれるので手取り約14万円（プラス会社までの交通費）、3か月目から以降2年間は、新人期間なので最低14万円」であった。

そう言われれば、普通は3か月目も手取り14万円だと思うが、そうではなく、3か月目からはいきなり〝額面〟で約14万円（交通費込み）になるらしい。（正確には、14万円にもならない）。契約がある程度とれれば歩合がつくので、やっと手取りで14万円前後になる。

歩合給は取れば取るほどつくわけだから、もちろんそれ以上の高額なものになることはある。しかし現実的なところをいえば、実際には歩合給を入れて手取り14～16万円程度だろうか。

元々の歩合が低いのもそうだが、解約など〝引き戻し〟があることもあるからだ（後述）。

さらに言うと、この基本の営業手当は、3か月ごとに1万円ずつ下がることになっていた。

だから3か月経過すると今度はまた下がって営業手当10万円。そうなると、入社半年を経過して契約が取れなければ、手取りは軽く10万円を下回る。

営業だから浮き沈みはあるし、コンスタントに契約が取れるようになるまで少し辛抱してくれるかと思いきや、そういうものでもないらしい。取れなければ容赦なく下がる。

2年間は、最低手取り14万円にプラス歩合がつくなら、今どき確かにいい仕事だと思ったが、違っていた。「2年間は多分、件数ノルマ達成していればだいたい手取り14万円くらい」の意味だった。

X社の場合、〝ノルマ〟は金額だけではなく件数でも換算してもらえるので、少額でも件数を満たしていれば一応のノルマ達成になる。ただ歩合は金額に応じてつくため、ノルマを達成していても歩合給がほとんど伸びないこともある。さらに付け加えると、かなり高額なものをキメていかないと、歩合給は伸びていかない。

最初からこうだとわかっていたら、ここに来たかどうかは疑わしい……というより、来なかった。

1年後に職能資格が決まる

入社1年後、「資格判定」が行われる。ここで抜きん出た成績を残している人は、職能クラ

SAに分類され、営業手当が13万円になる。

しかし1年目でここまで行く人はかなり稀で、99％は行きつかないと思われる。ほとんどの人は職能クラスBかCだが、Bの場合は営業手当は10万円で、これは入社時の最初の営業手当を下回る。

ふとここで思い出すのは、研修時に説明された「保有手当」。9か月以内にとれた契約数に応じて手当てがつく。20件なら2万4千円だ。この図を見せられたとき私は、現在もらっている14万円に普通に2万4千円をプラスし、最低給与が16万4千円になるならなんてすばらしいと思った。その金額を目指して頑張ろうと確かに思った。しかしここにはトリックがあった。実際には基本の営業手当が下がるから、保有手当がついてもほとんど変わらないのだ。

もちろん職能Bとして2万4千円をプラスすると、入社初月よりは1万円程度上がるが、1年目でつかなくなる手当てが5千円あるので、それを引くと差し引き5千円程度のアップにすぎない（ただ解約や減額があると、ここから5千円引かれるので、その場合ほとんど昇給していないことになる）。

それではほとんどの人は、若干昇給するか、若干下がるか、あるいは大幅に下がるか、のいずれか。なお繰り返すが、客先への交通費、販促品等、経費は自前である。

研修の時は、「すぐにご主人のお給料も超えちゃう」と説明されたが、どういう計算をすると超えるんだろ。

今どきの若い人はご主人もアルバイターだったりするしね。ウチのダンナもそう思われたのか。

パートよりマシ？ パートの方がマシ？

さて、以上は職能Bの場合だが、職能Cに落ちると営業手当5万円である。この場合も、保有手当が1万5千円程度つく場合もあるが、そこに歩合給がついたとしても、かなり高額な数字をキメない限り、額面ですら10万円を上回らない。

2年後、3年後の判定になるともっと厳しくて、職能の最下位クラスに落ちると、営業手当3万円とか2万円とかになってくる。

こうになってくると、もう会社に来る意味もない。即攻、辞めざるをえないのでは……と思いきや、そういうものでもない。

なぜかというと、最賃保障手当があるから。

これは、たとえば仮にその月の月給が5万円（会社までの交通費含む）でしかなかった場合、出勤日数と時間をその地域の最低賃金に当てはめて計算し、足りない差額を翌月支給するという手当のこと。当月の出勤日数と時間を最低賃金で掛け算したときの金額が11万円と仮定すると、11万－5万＝6万円の差額が翌月に支給されるというものだ（支給は翌月。当月は5万でガマンしないといけないが)。

この最賃保障制度は、X社だけでなく生命保険各社他、歩合制の営業会社などで取り入れられている制度のようだ。そりゃそうだ。会社に勤務させている以上、最低時給賃金は支払われなくてはならないのだから。改めて日本の法律に感謝する。

この手当があるので、職能給も低く、成績が低迷していても、辞めないで何とか続けることができる。これが生保レディたちが仕事に対して持っている感想のひとつ「パートよりマシ」のいわれである。

「パートよりマシ」か「パートの方がマシ」か。経費・交通費は自前だし(会社までの交通費は支給されるが、私の場合は駐車場代に消えたので、ガソリン代だけで月2万円近くかかった)、ノルマに追われるキツさも思えば「パートの方がマシ」かもしれないし、それでもうまい具合に大きい契約がとれ、給与が上がることもあるし、福利厚生も整っているし、営業だから仕事の時間は比較的自由に組めるため、「パートよりマシ」かもしれない。

保険というと、シングルマザーやなにがしかの事情で家計を支えなくてはならなくなった女性の、稼げる仕事としての最後の砦のようなイメージがあった私だが、それはもう昔のことなのか、それとも昔からそうだったのかはわからない。ただ、実際にはこんな感じで、働いている人たちの就労理由は「パートよりマシか」「パートの方がマシ」か程度であることが多い。

浮き沈みのある仕事ゆえ、収入も安定しないから、20年30年と長く続けているのは、安定収入があるご主人のいる女性が多い。

ただX社の場合、長く勤めていれば、それなりの厚遇が用意されているのも事実で、金額は低くとも地道に契約を取り続け、顧客数を増やしていくことで保有手当も上がり、それだけで一定収入を得ることができる。一定の業績があれば、退職金もある。だから20年以上勤続の生保レディたちは一様に「いい仕事よ、こんないい仕事はないわ」などと言う。

もちろん彼女たちの20年のバックには、何十人もの「いい仕事だと実感することなく辞めていった人たち」がいる。また、ただボケーっとしながら時間が経てばいいというものではなく、ある一定以上の成績を収めつつの20年勤続である。

さらに言うと、65歳で定年になり退職金をもらった後も再雇用制度があるので、70歳を過ぎて働けるのも魅力のひとつである。しかも自分の顧客の保全とフォローだけで仕事ができるからラクだし、ウハウハに違いない。

最初の10年は、頑張ってやっと生活給という感じだが、それを過ぎると多少なりとも安定してくるのは、ともかく離職率の高い仕事なので、辞めさせないようにするための手段のひとつだろうか。あるいは短期間で稼いで辞められることを防止させるためか。

とはいえ、歩合等々は、正当な額をしかるべき時期に受ける権利があるわけで、累積させて初めて意味が出てくるというのも変だし、辞めると今まで累積させていたものがすべてそこで終わりになるわけで、すべからく会社本位である。

そんなわけで従順な生保レディたちは、「豊かな老後」を夢見て、今日も頑張っているのだ。

以上、給与について記したが、これはあくまでX社の場合。他の国内生保では当然違う。終章の「生保レディに誘われたなら」の部分で、違いについて記述しているので参考にされたい。

また上述は、X社でも支社・中途常時採用の女性の生命保険募集人に対してのもの。新卒定期採用者などはまた少し違う規定なので、ご留意されたい。

生保レディは正社員？

一応、弊社の場合、募集時には「正社員」だったし、「正社員だから安心」というのが採用時のキャッチフレーズのひとつでもあることは前章で述べた。

しかし仕事にかかわる一切の経費は個人扱いであり、確定申告時は青色申告の個人事業主。社会保険の類や厚生年金であること、福利厚生が充実しているから正社員っぽいが、別にパートタイマーであっても厚生年金にすることは出来るし、何がどう「正社員」なんだろう？

そう思って改めて調べてみたところ、実は「正社員」を定義する明確な法律はないらしい（フルタイムかそうでないかは正社員か非正社員かを示す指標ではないし、経費負担が個人か会社かについても同様）。一応、省令としては、「期間の定めのない労働契約を締結する労働者で、派遣労働者ではない労働者」を正社員と呼称しているとのこと、期間に定めがなく、定年まで勤めることを前提とするのが正社員とのことらしい。

というわけで、簡単に辞めさせられることもないのだろう……と思ったら、そうでもなかった。

私が在籍中、とある先輩がお辞めになった。正確には辞めさせられたと言うべきか。

X社では、入社丸2年を経過すると、2か月以上連続で契約ゼロを打つと基本給の支給がなくなり、新たに外部委嘱としての委任契約に移行する。つまり出社義務がなくなり、給与がなくなり（歩合給のみ）、福利厚生からも外れ、扱える商品にも制限がかかる。この外部委嘱期間に所定の契約を取らないと、自動的に解雇ならぬ解嘱となるという。つまり契約ゼロ連続2か月以上で、事実上の退職勧告。

読者の皆様は、では未契約回避のために、生保レディ自らが、自分で保険に入ればいいと思う方もおられるかもしれない。しかし実はこれは出来ない。もちろん保険に入ることは出来るが、募集人自らが契約者名義となる保険は、ノルマに換算されないルールなのだ。これは昔、ノルマ達成のために、自分で保険に入るという行為を繰り返すことが横行、自分の保険料支払いのためにサラ金にまで手を出した挙句に自殺した募集人もいたそうで、そんな事情から、自己名義契約はノルマ換算しない決まりになったらしい（金融庁からの指導だが、このあたりの運用は各社で異なるようだ）。こういうルールは生保レディたちの身を守るものではあるが、そんなわけで不調が続くと、たやすく未契約のスパイラルに陥ってしまうのである。

ウーン……。確かに明確な日付による有期雇用ではないが……。

なお、入社時に配られた給与と就業規則についての規定本には、「期間の定めのない労働契約である」旨、はっきりと記されている。また別のページには労働契約の解消と委嘱契約への移行と解嘱について書いてあるのだが、これって矛盾って言うんじゃ……。

手数料18%の商品が発売

生保レディの〝上客〟といえば、中小零細企業の社長さんだろうか。小さくてもいいから中小零細企業の社長さんに信頼してもらえるようになると、手堅い。社長さんのネットワークでの紹介はもちろんのこと、従業員の保険、経営者保険、節税対策商品の他、会社の福利厚生、退職金などの財形貯蓄などを任せてもらえるようになったら、ウハウハだ。

というわけで、法人を見つけなきゃ……と思っていたあるとき、トンデモない〝売り筋〟法人向け商品が発売になった。返戻金の率が良く、お客様にとってとてもいい保険なのだが、私たちへの歩合も良くて、契約高の18%がそのまま生保レディの取り分になるという。

なぜそんなに高率かというと、諸般の事情で会社は早く売り切りたいとのことで、高率に設定されたらしい。配られた販促チラシにも、500万円の契約を結べば手数料は90万円になり、年末は家族でハワイ旅行！　といった景気のいい文句が並び、生保レディたちのやる気が喚起されるようにされていた。

しかし先輩方はいたって冷静である。

なぜかというと、もし解約されたら、手数料分は返金させられるから（引き戻しという）。ハワイ旅行から帰ってきた後に解約され、引き戻しを喰らったら大変だ。だから、「仮にもそんな凄い契約が取れちゃったら、絶対使わないで3年は寝かせておく」というのが正しい対処方法だ。なぜ3年かというと、その商品は3年を経過すれば解約されても引き戻しされないから。ハワイ旅行も3年後にした方がいい。

この高額な商品に限らずだが、〝引き戻し〟は生保レディにとって大変な損失になってくるので、生保レディたちは、解約の可能性がありそうな案件にはなるべく近寄らない。つまり取らない。契約にあたっては、その人が本当にちゃんと支払い能力があるか見定めるし、場合によっては、上司に同行してもらってそれを確かめる。

しかし、先のことはわからないから保険業が成り立つというもので、まったく予期せぬ事情で、生保レディには何の責任もないのに、解約や減額を喰らうことだってある。それでもそのペナルティは、生保レディが負うことになっている。

このあたりの仕組みは後述するとして、ともかくそんな高率なら是非ともキメたいと思い、私は同僚と一緒に、駅前の会社やオフィスをターゲットに飛び込み営業を行った。

結果わかったこと――それは、今どき駅近辺といえば、フランチャイズと支店だらけだったということ。今までそういう視点で駅前を歩いていなかったので気が付かなかったが、行くところ行くところ、フランチャイズかなにがしかの会社の支社なり支店ばかりで、独立した中小零細企業というものは、あまりなかった。

もちろん、ありはするが、ほとんどお断り。それも「保険は間に合っている」くらいならまだしも、「もう後継者もいないし、あと何年かしたらたたもうかと思っている」とか「儲かっていないので、無理です」とか。

こういうのは地域によっても差があろう。都心部であればまた違うだろうし、そうでない駅前だってたくさんあるだろうが、ビルを覗けばいろんな会社が乱立し、個人商店が軒を並べていた時代とはもう違うのだ。中小零細企業の衰退ぶりを手に取るように感じた。

ビジネスショーに行ってみる

どこか法人のお客様をゲットすべく、私は東京国際展示場のビジネスショーに出かけてみた。

こういうところには、売り出したい商品なりサービスなりを持った中小零細やベンチャー企業が多数、出展しているものだし、新しい商売のネタを探しに来る人も多い。まだできたてほやほやみたいな会社だったら、保険屋さんも来ていないかもしれない。

それで期待を込めて、とある製造業のビジネスショーに行った私だったが、愕然とした。

何これ？　中小零細企業なんてほとんどいないじゃない。大企業や有名企業、それらの傘下の会社ばかり。時折、新技術やサービスを売りにする中小零細もあったが、製造業に付随するＩＴ関連サービスが多い。

町工場から作業着でそのまま来ましたみたいな感じの、真面目そうで、誠実そうで、ちょっとオタクっぽい感じの、開発者で社長さんという、日本の製造業のアイコンみたいな人は、そこではついぞ見かけなかった。彼らはどこに行っちゃったのだろう。

営業しようにも、想定していた営業対象がいない……。日本の中小零細製造業の衰退を肌で感じて帰っただけだった。

その同じ時期、私はたまたま中小企業の現状に関する講演会に行く機会があり、中小零細のたいへん興味深い現実を知った。お話ししてくれた、経済産業省関東経済産業局の担当の方によると、総務省の「経済センサス基礎調査」（平成28年度）、「中小企業白書」等によれば、１９９９年に約４８０万社あった日本の中小零細事業者は、２０１４年で３８０万社にまで減少しているという。おおよそ4分の1近い減少だが、減少は２００９年以降に著しく、２００９年から２０１４年までで40万社の減少。なお、これは２０１４年のデータだから、現在はもっと減少しているに違いない。

減少の理由は、倒産ではなく廃業・解散が最も多いという。廃業が倒産を抜くのは２０１０年で、以降、高止まりしているようだ。廃業の理由トップは「後継者がいない」だそうだ。

なお、事業継続している380万社にしても、今後10年の間に経営者が70歳を超えるのは245万社で、うち約半数が「後継者未定」と答えているらしい（2016年調査）。ということは120万社以上が、次なる廃業の危機にあるということ？

なお、このままの状態で推移した場合、2025年までに、少なくとも650万人の雇用が失われ、22兆円の損失が見込まれるそうだ。団塊世代が集中的に引退する廃業ラッシュの最初のヤマ場は2020年……。

なるほど、これではビジネスショーにも中小零細が集まらないわけだ。儲かっている・いないは別として、事業継続の見込みがない企業がビジネスショーに出展するわけもないし。

実に深刻な事態に陥っているわけだが、これに対し国は対策費として2018年に68億円を計上したらしい（前年は51億円）。

68億円？　一概には比較できないと思うが、たとえば安倍首相は、2014年にパプアニューギニアには200億円規模のODA、バングラデシュには6000億円規模の支援を約束している。同じく2016年にはアフリカ開発会議に3兆円、日立製作所が受注している英国の原発に1兆円、2017年にはエジプトの教育支援に180億円……ここ数年、日本はあちこちの国に数十億～数千億規模の支援をしょっちゅう行っている。2019年11月6日の「日刊ゲンダイ」によれば、ついにその累計が60兆円を突破したという。

これに比べると国内事業への支援が68億円とは、あまりにショボすぎないか。支援・援助するべきはこっちでは……？

減ってはいても増える部分があればいいのだが、日本の起業率は低い。２００６年から２０１５年までの平均で、日本は４・７％だという。フランスが14％、英国12％、米国10％だそうだから、随分低い。

くだんの手数料18％の法人向け商品は、確かに魅力ある商品だと思ったので、ある程度の利益の出ている会社であれば、興味をもってくれるのではないかと私は踏んでいた。本来、生保契約とは、地道に何度も通って信頼を得、時間をかけて頂戴するものだけれど、ヘタな鉄砲も数打ちゃ当たるで、利益の出ている会社を数さえ当たれば、ひとつくらい当たるのでは？と、ビジネスショーに出かけた私の目論見は甘すぎた。

ウチの支社の他オフィスでは、やれ何億円の契約をキメただの、景気のいい話が迷い込んできたが、元々おつきあいのあった法人から契約をもらっているのであり、新参者がいきなり飛び込み営業でなんとかなるものではないらしい。

私は叔父が会社経営していたからこれを機に……と考えなくもなかったが、あいにく叔父さんの奥さんは元生保で、奥さんの会話の中で出てくる仲の良いお友達、あれも生保の方かと思われ、保険は多分、目いっぱいなのではないかと思われる。まあ姪から頼まれたらあるいは考えてくれたかもしれないが、それはそれでこちらも気が重い。そんなに儲かっているわけでもないと思うし。

そうこうするうちに、その売り筋商品も売り止めになった。

この商品に関していうと、会社としては「よく売れた」商品だったというが、生保レディたちの現場で、本当のところはどうだったかは疑問である。

というのは、この商品は、既述のように一定以上の利益が出ている企業には良いが、そういう情報を持っているのはまず銀行、投資会社。保険会社の上層部もある程度は持っているかもしれないが、生保レディたちの現場には来ない。

情報を持っている人たちは、美味しいところを効率的にかっさらっていく。現場の生保レディたちに委ねられているのは、足を使って、金融商品から漏れている人たちを探すこと。あるいは、自分の人脈から探していくか。

なんだか落穂ひろいみたいだと思った。金融の落穂ひろい。

解約・減額されると生保レディの給与から引かれる

いったん締結された契約に解約・減額が生じると、生保レディに引き戻しが生じることは前述した（なお解約減額に伴う引き戻しは、ほとんどの保険会社で採用されている制度であるが、その運営は各社で仔細に異なる。以下はX社の場合）。

引き戻しルールは例外もあるが、おおむね契約から2年以内に解約・減額になったものに対して引き戻しが適用される。歩合として支払われた分程度の金額が引き戻される。ただし、初回振替ができなかったような早期の解約などについては別で、歩合として支払われた以上の分が引き戻される。会社の言い分としては、早期解約されると、歩合以上の損失を会社に与えたことになるからということらしい。

保有手当からも1件につき数千円引き戻されるから、基本手当も思ったように上がらない。合点のゆかない制度とはいえ、それでも自分が取った契約が解約減額になってしまったなら仕方がないが、理解できないのは、引き継ぎ契約のケース。

引き継ぎ契約の方が契約減額した場合、新任の担当者に引き戻しがくることはない。ただしこの方から新契約（見直し含む）を頂いた場合は別で、そうすると、この方が元の古い契約を減額解約した場合、その減額分が自分の給与から引き戻される。元の古い契約の締結から5年以上過ぎていて、通常の解約減額のルールにはまったく当てはまらないようなケースにおいても、引き戻しされる。

以下、私の例を記す。

利回りの良い払い済み保険が減額になった

Yさんは私の引継ぎ担当のお客さんだ。小学生のお子さんが2人いらっしゃる30代の男性で、払い済みの利回りの良い死亡保障700万円の商品に入っていた。契約締結より8年が経過していた。

その後私は、これとは別に長男のユウくんの学資保険を頂いたのだが、そのときYさんから、払い済みの死亡保障について一部減額したいとの申し出を受けた。

解約減額の申し出は、生保レディにとって最もいやなことだ。引き戻しという意味でもそうだが、解約減額にまつわるトラブルはとても多い。解約にはクーリングオフがないので、解約したあとに「やはりやめます解約しません」というのはできないのだ。また保険にせよ年金にせよ、おおむね、解約減額しても、元本割れなどお客様に不利なケースが多い。そういうことを何度も繰り返し説明しても、「聞いていなかった」「説明がわからなかった」等々のクレームが後を絶たない。しかもYさんが入っている保険は、今のようなゼロ金利の時代のものではなく、利率が良い保険。そのまま持っている方が断然、有利である。

ところでX社では新人は基本的に「トレーナー」と呼ばれる教育係と同行することになっている。だからそのときも私の担当だった元村トレーナーが減額の申し出に対し、一生懸命、応対してくれた。

この商品は、現在のようなゼロ金利ではない、利率が今よりはるかに良い時代の商品であり、これ以上に利回りのいい商品は現在、どこも出していないし、弊社も出す予定はない。ゆえに減額・解約はもったいない。お申し出は、約20万円ほど減額したいとのことだが、20万円分元本が下がるのだからもったいない。しない方が良い。

しかしYさんは、利回りが良いのはわかっている。手をつけずにそのまま置いておく方が利ざやも増えるからその方がいいのもわかっている。けれども現金を得たいのか、一部減額したいとのことだった。

なおクレームやトラブルが発生した場合、生保レディは、「個人事業主」扱いだから、一応、原則としては、募集人個人のせいになってくるらしい。だからとことん説明する。

トレーナーは一生懸命、彼を引き留めようとしたが、彼はすべて分かった上で、減額したいという。仕方なく了承する。

帰り際、トレーナーが言う。

「でも減額金額も少ないから、ちょっとだけ引かれるだけよ、大丈夫よ」

その「ちょっと」とは、学資保険の手数料分くらいらしい。学資保険の手数料は低いので、確かに大した金額ではないが、金額の大小はともかく、このマイナスは合点がいかない。

会社は、新たな契約を取りたいがために、生保レディが減額や解約を推奨したとでもいうのだろうか？　しかし新人なのでトレーナー同行である。上の人を連れていき、上の人が対応しているのだから、個人が契約を取りたいがために誘導した可能性があるという疑いは晴れるではないか。また、減額を一生懸命引き留めてくれたのもトレーナーである。担当者の能力不足ゆえでないことはこれで立証できるはずだ。これでは何のための同行かわかったものではない。

引き戻しルールは、2年以内の解約・減額に対し適用される。2年を過ぎると対象にならない。それが新たに契約を取った引き継ぎの顧客の場合だと、6年以上経過しているのに対象になるという。

合点がいかないので会社の組合に電話をしてその旨伝えると、

「解約減額分に対し引き戻さないと、解約減額の損失分が埋まらないのです。それで、そのようになっています」

とのことだった。

これもおかしな話である。繰り返すが、契約を取った元の担当者であれば、2年を過ぎたあとには引き戻しにならない。その後、新しい契約を取ったら、その分の歩合がつくだけ。それが引継ぎをして担当者が変わり、新しい契約を取ると、すでに6年以上経過している古い契約の損失分が埋まらなくなるというのだ。矛盾もはなはだしい。

単に会社からもらった客だろ、だったら解約減額されたら、あげた手数料分戻せと言われている気分である。

百歩譲って、では〝損失〟だったとして。今回の減額は、今ではどこも扱っていないような利回りの良い商品である。現在はもっと低い金利でしか運用できないので、利回りの良い昔の保険は解約減額した方が良いはずである。今回のようなケースの、何がどう損失なのか。

そもそも契約時は、解約や減額も可能ということで契約を交わすのである。しかし引き戻しがあるから、生保レディは解約減額には応じたくない。必然的に解約減額は、なるべくさせないようにするというバイアスがかかる。これはお客様の、解約減額の権利侵害ではないのか。

その旨も伝えると、

「貴重なご意見ありがとうございます、参考にさせていただきます」

とのことだった。

このとき、やっぱり私はこの会社は辞めようと思った。

第5章　オフィスでの日々

全体集会はアポより優先

X社では何かとよく全体で集まらされた。

2年以下の新人が集まる月1回の新人全体集会、2か月に1回、支社全体で行う全体集会の他、各〝祝い月〟に合わせた決起集会など。

祝い月というのは、年に3回、ノルマが1・2～2倍になる月である。祝いというからには、ノルマも倍になるが手数料も倍になるのかと思いきや、そんなことはなく、単にノルマが倍になるというただそれだけのことである。つまり平常月より達成が困難になるというわけで、いつもなら何とかついていたノルマ達成手当がこの月はつかなくなる。

こちらとしては何のお祝いでもない、単に会社が祝いたくなるだけの月……などと解釈する私のような人はダメで、この会社で覚えめでたくなりたかったら、祝い月はしっかりと頑張って、パーティー入賞などもしっかりとゲットし、祝い月をやりぬいた人だけが得られるノルマ達成のご褒美を目指す人にならないといけない。

そういうわけで、祝い月の前にはたいてい決起集会があり、「がんばろう！」と鼓舞される。決起集会の類は私が在籍していたときは木曜とか金曜が多く、「来週の月曜日までに1件！」みたいに鼓舞されるのだが、本当に月曜日までに1件あげろというなら、決起集会で半日潰すのはナンセンス、仕事させればいいのにと思ったのは私だけではあるまい。

なお、これら全体集会の類は出席必須で、アポよりも優先されなくてはならない。

一緒に入った同期の女性のひとりは半年で辞めたが、退職を決意した理由は、

「アポとか全然入れられなくて、やっとずっと会えなかった人に、ようやくこの日ならとアポを入れることが出来たのだが、上司に、その日は全体集会だから他の日にしてと言われ、バカバカしくなって辞めた」

とのことだった。

もともと保険が好きでいくつも掛けているという彼女は、入社早々、親戚をめぐって契約を取っていたが、親戚を取りつくすと契約が取れなくなり、入社5か月目にして手取り10万円になり、入社6か月目に退社した。表向きは家庭の事情だが、実際は、全体朝礼があるから客アポ断ってと言われたことと、正社員だというので来たら個人事業主という扱いで腹が立ったこと、勉強が嫌いなのにたびたび座学をさせられていやだったこと、だそうだ。

月に1度の〝コンプラ〟チェック

X社でコンプライアンスといったときは、保険募集者としての個人のモラルのことを指していることは述べた。つまりお客様の個人情報は他言してはならない、個人情報の書類は所定の仕方で管理しなくてはならない、金銭の立て替えや書類の代筆などはしてはいけない……等々だ。

では一般に言われるところの社内コンプライアンス――いわゆるパワハラやセクハラ等々はどう表現するかというと、これは「人権」というカテゴリーらしい。3か月に1回程度の「人権研修」（PC画面上での研修）ではそういうことを扱う。

私たちの働き方が、労基法に照らしてどうなのか、というような問題は、「コンプライアンス」でも「人権」でもないようだった。言及されるのを見聞きした覚えはない。

さて、そのコンプライアンスだが――。

X社では、月に1回程度、支社から〝コンプライアンスチェック〟が入る。これは何かというと、机と（通勤が車の場合）車内の抜き打ち検査のことである。

保険者はお客様の個人情報を扱うがゆえ、扱いには慎重さが求められる。個人情報は机の引き出しの所定の位置に所定の仕方で保持しなくてはならない。またチラシや営業用募集資料も定められた仕方で保持しなくてはならない。チラシには自分のネームを刻印しなくてはならない。

コンプライアンスチェックは、これらがきちんと出来ているかどうか、支社の係の人が始業前にオフィスにやってきて、抜き打ちで机の引き出しやロッカーを合鍵で開けてチェックする。この検査イベントのことをX社では略して〝コンプラ〟と呼ぶ。「コンプラが入りました」「コンプラが来た時に引っ掛かるから気を付けて」などと使うのだ。

コンプラは厳しくて、お客様にお出しする見積もりなどが所定の位置に収納されていないときはもちろん、自分のネームのハンコがないチラシ1枚を保持していただけで注意対象となるし、チラシ類は期限が過ぎたものはシュレッダーにかけないといけないのだが、期限の切れたチラシが1枚入っていただけで注意対象となる。

コンプラに引っ掛かると、自分だけでなく直属の上司や部長も注意の対象となり、呼び出しを喰らうので、皆ひやひやだった。だから「コンプラ、コンプラ、コンプラが入るから気を付けて」とかなりナーバスになる。

書類整理の苦手な私は、トレーナーはもちろん、同僚や紹介者の桜田さんに至るまで私の机の中とカバンを勝手に開けてチェックしてくれて、「時田さんがコンプラに引っ掛かることがないよう」気にしてくれた（相互に勝手にチェックすることが推奨されている）。

お客様の大事な個人情報を扱うという仕事柄、書類管理がきちんとなされているか、こうしたチェックが入ること自体は仕方のないことなのかもしれない。ガソリン代も自前なのに、人の車の中を見て助手席のカバーを開け、トランクまで覗くので腹が立つが、それも甘受するとして、この社内ルールをとやかく言うつもりはないけれど、この行為にコンプライアンスの名称を充てるのはあんまりだと思う。

もはや、コンプライアンスが完全に個々人の問題、さらにいえば、持ち物検査にすりかえられており、それをおかしいと指摘しても、ポカンとされるか、会社がそういうふうに言っているのだから従ってくださいと言われるだけだった。

X社は世界に支店を持つグローバル企業だが、こんなんで世界に通用するのだろうか。

書類がきちんと保管されているかを確かめるため、というより、本当はもっと別の目的なんじゃないだろうか。

なお、コンプラを行うのは支社のコンプライアンス部他、しかるべきセクションの人たち。男性もいれば女性もいるが、男性がこの仕事をしているときは、彼らも嫌なんだなという雰囲気が十分伝わってきた。

「○○課長が、私の私物、ずーっと見てたのよ」とかあとで悪口言われたらいやだし。だから机を開けても書類のところに視点を合わせ、他は見ないように気を付けていたし、ロッカーや車の中を開けるときも同様だった。

だから本当に隠したいものがあるときは、意外に隠せるんじゃないかと思ったりした。別に隠したいものなんかないけど。

なお、この行為にコンプラの名称を与えることに頭にきていた私なのだけれど、あるとき後輩に、「このやり方だとコンプラのとき言われちゃうから気を付けた方がいいよ」とアドバイスしている自分がいて——というより、れっきとした固有名詞になっているものだから代替のワードがみつからないのである——ハッとしたものだ。

やだな〜。慣らされちゃってるわ、私。

面倒臭い雑用は生保レディに回ってくる

私の所属するオフィスは総勢40名以上の大所帯。支社の中でも多い方である。しかもこの大きなフロアは、生保レディたちが当番制で掃除することになっていた。これだけ多いと掃除くらい外注すると思いきや、オフィスにはその程度の予算も配分されていないらしい。

もっとも面白いもので、通常、日本の会社の場合、こういうやりたくない雑用は、いわゆる事務系の仕事をする女性に回ってくるが、保険というのは、生保レディより保険事務を行う内勤女性の方が地位が高いらしく、内勤女性に掃除の義務はなく、外勤のレディたちで回していた（昨今は非正規も加わってきているが、元々は内勤女性が本当の正社員だからかと思われる）。

掃除だけならまだしも、オフィスで使うタオルなども個人宅からの持ち寄り、おまけにタオル等を家に持ち帰って洗ってくる義務まであった。

なお、こういう日本的企業の常で、お茶くみも大事な仕事のひとつのようだ。新人は早く来てお茶出しをするのが慣例化していたオフィスもある。私のオフィスではこのお茶出し慣例こそなかったが、先輩後輩の上下関係はあった。

私より2年先輩の女性によれば、「入るときはぜひ来てぜひ来てって、お願いして入ってもらうのに、いざ入ったら、新人だからあれやれこれやれとか、先輩後輩の上下関係もうるさくて、びっくりしちゃった」そうで、「だから時田さんが来る前、新人辞める人が多くて、あまり辞めるから、辞めれるのは1か月に1人で、辞める順番待ちしていたこともあった」といい、「そんなことが続いて、今は落ち着いている」とのことだった。

お茶くみといえば、私が若いころ、まだ世の中では、お茶くみが女の仕事と目されていた。男性と同じ仕事をしていても、女性の方が給与が安く、かつお茶くみのような雑用は女性の仕事だった。

上の人たちは、「世話になっているんでしょう」とか「お茶を出してもらえると嬉しいでしょう」と言う。これを聞いて、昔、同じ給料どころか女の方が給与も低いのに、さらにお茶出し等の雑用を押し付けられるのはおかしいと反論した私に、男性から「でも疲れて帰ってきてお茶が出てくると嬉しいよね」と返答されたことを思い出した。

自分の飲みたいときに、自分で飲めばいいという、オフィスのコーヒーサーバー、あれは私にとってオフィスの近代化の象徴のような道具だったな。

もっともウチのオフィスでコーヒーサーバーのような機械がないのは、単に予算がないからと思われる。それにしてもタオルや雑巾まで自宅からの持ち寄りとは。だって会社の別事業所で、販促用のタオル、製作販売してるのよ。

嫉妬される理由

会議・集会等々で使った資料等はすべて回収する。名前を書いて所定の位置に戻すのが決まりだ。

ある日の全体集会のあと、片付けて帰ろうとしたら、勤続10年の推定50代後半のヒロコさんが私を呼び止めた。

「みんなのを集めて持っていくのが新人の仕事よ！　新人がやんなさいよ」

そんなことが新人の仕事なんて初めて聞いた。彼女の隣にいた古参の女性は、面倒臭いとばかりに自分で持っていこうとしたら、ヒロコさんは、

「しなくていいわよ！　新人の仕事よ！　新人にやらせなさいよ」

としつこい。落ち着いて考えれば、「自分で使った資料ですからご自身で片づけるのがスジ

ではないでしょうか」くらい言えばよかったが、言葉って、とっさに出てこないものである。ヒロコさんからにらまれているという、とある40代前半の女性（美人）——ユリエさんとでもしておこう——が「あ、私がやりますぅ」とか言いながら殊勝にも集め出した。ただ片付けの強要はこのときだけだった。この日、私もノルマ達成で表彰されたので、彼女としては面白くなかったのかもしれない。

他オフィスを知るある女性に言わせると、私のオフィスはヤッカミが多いそうで、抜きんでた成績を出すと、すぐ妬んで陰口を叩く人が多いのだそうだ。その方によれば、たとえば○○オフィスなどは、

「確かに先輩後輩の上下関係はあるけれど、いつもお世話になっているし、ちゃんと教えてくれて、契約がゼロになったりしないよう面倒見る慣例になっているから、心から先輩の言うことをちゃんと聞けるし、お茶を出そうという気持ちになれる」

だそうだ。

なお前述のユリエさんであるが、なぜ彼女がにらまれていたかというと成績が良いからだが、もうちょっと正確にいうと、それは彼女の実力ではないらしい。

彼女は連月ノルマ達成していたが、噂によれば「下駄を履かせてもらっている」という。誰に？　部長に。

ノルマを連月達成したりすると、所定の歩合の他にパーティー入賞といって、会社が主催す

るパーティー に出席することができる。パーティー入賞は個々の生保レディだけの問題ではない。各オフィス長もまた、自分のオフィスからたくさんの入賞者を出せると鼻が高いのだそうだ。

ウチより人数が半分の△△オフィスが、ウチの2倍近くのパーティー入賞者を出していたりするわけだから、部長としても肩身が狭いのだと思う。

それでめぼしい面々に1件プレゼントしてパーティーに送り込んいるらしい。ユリエさんは部長から気に入られていたし、その美貌ゆえ職営での人気も高いらしく、部長からしてもオフィス成績低迷奪回の〝期待のルーキー〟といったところだったのだろう。

ある同僚は言った。

「成績が低迷している人とか、取れなくて辞めなくちゃならなくなっている人に、1件あげて助けてあげるというのはわかる。でもさ、1件あげてノルマ達成にするのはナシじゃない? 1件あげてパーティー行かせるなんて、これは先輩たちも怒ると思うよ」

同感。確かにパーティーは自力で行くものだ。シンデレラよろしく、靴を履かせてもらって行くものではない。

とはいえ、くれるというんだから、もらっちゃうよねえ。

〝寄付〟をめぐるやりとり

オフィスに戻ってしばらくすると、夏のボーナス日になった。新人には関係のないイベントだ。

ボーナスが出ると、ウチの支社では組合の恒例で、あることを行う。寄付金を募るのだ。否、募るのではない。「恵まれない人たちもいるのだから、みんな寄付をして」という部長の掛け声とともに、いくばくかを寄付するように言われる（500〜1000円くらい）。チームリーダーがその場でお金を集めて部長に持っていく。

そのときは600円で、100円は先日の西日本豪雨の被災地に、500円は然るべき団体に行くらしいが、然るべき団体とはなんだろう？　こういうところで募るというのは日本赤十字だろうか。日赤になんか寄付したくない。そもそもどこに寄付するのかも言わず、恵まれない人に寄付するから徴収します、では納得がいかない。徴収係は私の紹介者の桜田さんだった。

彼女は子犬のようなつぶらな瞳で私を見つめ、

「時田さん、寄付……」

と言うので、

「どこに寄付するのかわからないのに寄付なんか出来ないよ」

私の正面に座っていた同僚のクミコさんも私に同調した。

「そう。そもそも寄付なのに強制するっておかしい」

桜田さんは言った。

「でもそういう決まりだから……」

「決まりも何も、寄付を強制出来るわけないじゃないの」

「そもそもどこの団体なの？　日赤？　私、日赤に寄付したくないの。東日本大震災のときだって、世界中から集まった寄付金の使途について不明な部分も多いとして批判されていたでしょう。団体は他にもあるし、日赤に寄付したくないのでいいです」

と言うと、桜田さんは困ったような顔をして、組合配布の募金募集用のパンフレットにもう一度目を通して（このボーナス期の寄付金募集は組合からのお願いなのである）、言った。

「日本財団って書いてあります」

恥ずかしながら私はそのとき、日本財団という名前の団体のことを知らなった。日赤ではないらしいので、肩透かしだった。

「日本財団？　でもどんな団体かもわからないし寄付なんかしたくない」

桜田さんはパンフレットを置き、自分のスマートホンを手に取った。日本財団を調べているようだった。

「より良い社会を作るって書いてます。より良い社会を作る団体みたいです」

何の問題があるのですか？　とでも言いたげに彼女は私を見た。

指定暴力団だってホームページを作ったら、そこに、ゆすり・たかり・恐喝やっていますとは書かないだろう。

私も自分のスマートホンで「日本財団」をググってみた。この手のＮＰＯらしく、障碍者支援とか、若者のための教育支援だとかが書いてあるトップページを飛ばし、組織概要の部分を見ると、笹川財団とあった。故・笹川良一氏の日本船舶振興会が名前を変更したらしい。

日赤も賛同しないが、一体なんで私が笹川財団に寄付しなくてはならないのだ。こちらも賛同していないのに。

クミコさんも続けた。

「寄付が強制っておかしいわよね。だったらもう寄付とは言わないで、はっきり徴収しますって言ってもらった方がまだすっきりする」

カオリさんも言う。

「私もおかしいと思う。なんで寄付なのに強制されるの？」

桜田さんは言う。

「でもそういう決まりだから」

決まりも何も、もうこうなると金額の問題ではないと私は感じる。とりあえず、客先に行かなくてはならぬ用事もあったので、とりあえずその場を出た。

夕方、帰社すると、桜田さんが再び言う。

「時田さん寄付600円……」

「だからする必要ないって……」

「でも時田さんの分も立て替えて払っておいたので」

なんと余計なことを。〝寄付〟を勝手に立て替えて、その分を払えとおっしゃるのか。

「なんでそんなこと……頼んでもないのに」

絶句する私に桜田さんは言った。

「じゃあ部長にそう言ってください」

横で聞いていたカオリさんも私に加勢した。

「ほんとヘンよ、これ。時田さん言ってやってください」

それで私は部長に言いに行くことにした。それも腑に落ちない。まとめ役だというなら、桜田さんが「時田さんはやりませんって言ってました」と報告すればいいだけの話ではないか。

私は部長に言った。

「すみません。寄付が強制っておかしいですよね。強制されるいわれはないのでお断りします」

すると驚くべきことに、部長は私を一瞥し、あっけなく言った。

「わかりました」

意外な展開に拍子抜けした。またいつも通り、「会社に世話になっているんでしょう」「感謝しましょうよ」とか言われるのかと思い、こんな些細なことでも、波風を立てることで起きるかもしれない不利益を私は考えていたので驚いてしまった。

しかし部長とて、上司だからといって、表向き寄付としているものを強制は出来ないことくらいはわかっている。それはおかしいので私はしませんと誰かが言ったら、もうそれ以上は言えないのは仕方ない。

あっけない展開だったが、私は桜田さんに「部長に伝えましたから」と報告し、やりとりを見守っていたクミコさんとカオリさんに言った。

「部長にやらないって言ってきたよ。みんなも言ってきたら」

そうしたら、先ほどまで「時田さんの言う通りでおかしいと思う」と言っていた2人は、

「あ、でも私はいいです」

と引いてしまった。自分では上に言いにくいだろうが、私が道筋を作ったのだから、あとに続けばいいのに。

この展開をみていると、そもそも、今まで誰もこの寄付強制に異議を唱えなかったということか？　この寄付金の徴収はボーナス後の恒例で、在籍25年の女性も入ったときからあったと言っていたが、みんなこの小さな、600円かそこらのとても小さな波風を立てるよりは、600円払うことを選んできたというわけか？

競艇の収益金を元に慈善団体を作った〝右翼のフィクサー〟・笹川良一氏については、賛同しない人だっていたはずだ。それでもこの金を徴収するのが当たり前という雰囲気に、面倒臭いから払ってきたのだろうか？

桜田さんが私に言う。

「私もね、寄付というのは人から強制されるものではないと思っています。でも、こうやってお金をもらえているのも会社のおかげじゃないですか。だから会社への感謝という意味でね、寄付しようと思ってるんです」

私は彼女に言った。

「こうやってお金もらえているのも会社のおかげって、毎日9時に来て、終業の17時まで会社にいて仕事しているんだから、給料をもらうのは当然だし、なぜそれ以上の義務があるの？」

私の言葉に、彼女はきょとんとしているだけだった。

派手な生保レディがいなくなったのはなぜ？

ノルマを達成すると、歩合のほかに、ご褒美があることがある。パーティー、食事会、旅行などだ。食事会はともかくだが、パーティーやら旅行やらとなってくると、ベストプランを連続でクリアするなど、目立って良い成績を上げた人に限られる。

ディナーにしても有名ホテルの○○コースだったり、旅行も九州だったり北海道だったり、羨ましい。

ただ、昔を知る生保レディたちに言わせると、昨今はこういう〝ご褒美〟も地味になったという。昔は優秀プランを連続達成した人だけなんてことは言わず、該当者も今よりたくさんいたし、行き先にしてもプランにしても、ホテルも食事のコースにしても、もっと豪華だったらしい。

なぜだんだん地味になってしまったかといえば、少子化、ゼロ金利、平成不況……で、生保も売上げが伸び悩んでいる、のもあるかとは思うが、

「生保レディが派手にしていると怒る人がいるんだってさ」

との一面も否めないようだ。これは旅行代にしてもホテル代にしても、契約者が払う保険料から経費として捻出されるわけだが、生保レディが派手にしているのを見ると、その分、高い保険料を払わされているに違いないと、心象が悪いらしいのである。

そんなわけで旅行もホテルも食事会も温泉も、昔と比べるとグッとシンプルかつ地味になったらしい。

もっとも生保レディたちへの〝ご褒美〟としての経費が減った分、お客様に還元されているかどうかは微妙というべきで、これは何か確たる証拠があるわけではなく、単に現場での噂で

あるが、見えないところに使われるようになった、つまり単に本社の経費が増えただけと捉える人が多い。

実際、大手生保といえば、そこそこの規模の駅前には必ず立派な自社ビルがあるものだし、生保レディの給料は歩合制で、かつ一部を除けば決して高額なものにはならないが、幹部候補コースの男性ともなれば、30歳大卒で年収1000万円という世界（ただしこの高額な給与にも昨今は翳りが出始めている）。

儲けすぎているという批判の矛先は、間違っていると思うが。

生保レディのファッション

昔は生保レディといえば、女優ばりの派手なファッションでキメている女性もたくさんいたようだが、今や濃紺や黒などのスーツ姿が定番である。

X社でも服装コードというのがあって、スーツは濃紺や黒、灰色などの地味なもの、インナーは白、靴も黒のパンプス、髪は黒髪、アクセサリーは華美でないもの……という厳しい規定がある。

保険とは金融業なので、金融者らしくということらしい。

そうはいってもオシャレしたいのが女……と言いたいところだが、ある日の全体集会で気づいたのだが、ものの見事に、壇上の女性たちのほとんどが黒か濃紺のスーツに白いインナーであった。茶やベージュのスーツすらなく、インナーもほとんどが白、柄物であったとしても白地に黒などの地味な柄ばかり。

いまどきの新入社員の入社式では、そこまで会社が要求しているわけでもないのに、男子のみならず女子も全員、濃紺のスーツに白いインナーというスタイルで、若者たちからすると、違う色合いのものを着て個性的であることが、かえって格好が悪いという認識らしいと聞く。我が支社も同様で、ジャケット着用は条件としても、なんでみんなこんな同じようなファッションになってしまうんだろ？ 赤やピンクとまではいかずとも、茶色や灰色、ボルドーくらいのバリエーションがあってもいいのに。

そもそも服装とは、相手に失礼がないことが大事なのであって、社会は女性に、必ずしも男性と同じような服装コードを要求しているわけでもないと思う。華美にならず、失礼にならず、金融者として見えていればいいわけで。なぜ進んで没個性に向かっていくのか、これもまた私には謎であった。

そんなわけでオフィスも濃紺と黒が主流だが、オフィスにただひとり、赤いジャケットで通勤してくる生保レディがいた。アヤコさんとでもしておこう。

アヤコさんは30年以上のキャリアのある人で、推定70代前半、真っ赤なジャケットに大振りのイヤリング、（エルメスかどうかはわからないが）エルメスの馬具モチーフを思わせるスカーフ、つま先がバイカラーになっているピンヒールといった〝バブリー〟ファッションで会社にいらっしゃる。正規の生保レディではなく退職後の再雇用で、主として既存客のフォローと保全で会社に来ていた。アヤコさんのトレードマークのひとつはピンヒールで、背筋をシャンと伸ばしてしゃなりしゃなりと歩くのだが、昔はピンヒールで飛び込み営業をしていたのだそうだ。かかとの減り具合が気になるところだが、彼女によれば、

「飛び込み営業は、最初の訪問から数えて7回目で取れる」

という。アヤコさんは私のことも気に入ってくれていて、

「あなたは仕事に生きるタイプのオンナよ、見ててわかるワ。絶対、辞めちゃだめよォ」

と励ましの言葉もよくいただいたものだ。

アヤコさんクラスになると、年齢が最高齢というのもあるが、その業績と風格ゆえ下々はもちろん部長クラスからもリスペクトされていたが、別の意味でも私は彼女が好きだった。

何か理不尽と思えることがあっても、「仕方がない」「そうするしかない」「会社が言うんだから言うことを聞け」くらいの回答しかない我がオフィスにあって、この方は必ずしもそういう思考はしていなかった。恐らく引継ぎ担当をめぐるなにがしかの行き違いだと思うが、「人数がたくさんですから、仕方がないんですよ」という部長に、

「こ、ん、な、の、会社の、怠慢、よォ」

と背筋をシャンとしてはっきり言っていた。

女がこれだけいれば仕方がない？

オフィスでは、オフィス会費ということで1か月1000円ほど徴収された。箱ティッシュだとか、来客時のお茶菓子代みたいなものに使われるのと、飲み会のための積立金になる。飲み会の積立金といっても、生保レディが入社退社したくらいで飲み会なんかしない。マネージャー職以上の人の歓送迎会のときに、これらのお金が使われる。

なんというかどこまでも「上の人に感謝する」ことが徹底していたと思う。

なんでそんなに、日々感謝してなくちゃいけないのか疑問。おまけにシステムだって、生保レディのことを信用していないみたいなものが多い。なんだか社会的地位の低い仕事みたいである。「そういうのがいやなのよ」と語る私に、桜田さん他チームの面々が言う。

「まあ、そうだけどさ、こんだけ女がいるんだもの、仕方ないよ」

「部長なんかもさ、よくまとめていると思う」

確かに。よくまとめてくれていると思う。

ウチの部長は、上に立つ位置に上っていった女性がおおむねそうであるように、竹を割ったようなさっぱりした性格、かつ人情に厚い。大勢をまとめて引っ張っていくにふさわしい風格と鷹揚さがあった。

「女ってすぐに文句ばかり言うから、しょうがない」
「ここの人たちはあまり言わないね、表立っては」
上司が男だったら言うのかもしれない。女も、相手が男の方が文句を言いやすいのだ、きっと。

ところで、昼のファミレスなどで、いかにも生保レディかと思われる女性たちが4、5人集まって、長い時間、会社の悪口に花を咲かせている光景を何度か見たことがある。

会社の悪口自体はご愛嬌かもしれないが、上の人たちは、不満を持つ少数の人たちが周囲にもその不満を波及させ、やがてそれが集団そのものの士気を下げていく、「腐ったミカンが箱全体のミカンを腐らす」状況になることをもっとも嫌がっているような、そんな雰囲気はあった。

確かに、女性というのは往々にして文句が多い人が多い（私もか……）。本当に不思議なくらい、すべてのことに文句を言う人、ほとんどワガママとしか思えない希望や不満を、さも全体の利益でもあるかのように言う人、自分の方法論を押し通そうとする人……そういう人は必ずいる。そしてそのような不満が不満を呼び、士気を下げたり、集団で直訴したり集団退職したり……組織そのものを脅かすような事態に発展することを懸念するのは、確かに理解できる。時々、集会などでも「客先に行かないで、皆で集まっては文句ばかり言っている人にならないように」とか、そんな話がそれとなくなされたりしていた。

とかく「感謝、感謝」と連発するのも、不満を持たせないようにするための方策のひとつなのだろうか。確かに、感謝を蔓延させておけば不満も募りにくい。しかしそうはいっても、すべての事象を感謝で片付けられるわけもない。

支社の男性たちが冗談めかしながら、ちょっと批判的にモノを言ったり本音を言うことを、ネット民よろしく「それは誹謗中傷」などといって笑っているのはご愛嬌だけれど、批判的にモノをとらえる感性そのものが否定されているのであり、これも不満を持たせないための方策のひとつなのだろうか。

スジの通らぬことを言う人も多いし、これだけの大企業が、いちいち不平不満に対応していたらキリがない。だから何でもかんでも「会社の言うことを聞け」となるのだろうか。

現行の制度は、生保レディには不利に思えるものが多かった。たとえば解約減額などもそうだ。これが生保レディに有利なように改善され、たとえば引き戻しがなくなったらどうなるのだろう。3か月で解約していいからという条件で契約を取る人ばかりになるのだろうか。そうして3か月で解約される案件ばかりが増え、会社に損害をもたらすのだろうか。罰則をなくしたり条件をゆるめたりすると、すぐ制度を悪用する人が出てくる。だからしょうがないのか。

「あれじゃあ、まるっきり私たちのこと信用していないみたい」

「まあね、でも女がこれだけいればしょうがないんだよ」

「そうかなあ……」

こんなにいい仕事はない？

上の人たちや長年ここで頑張っている人たちは、よく言っていた。

「こんなにいい会社はないわ」

「こんなにいい仕事はないわ」

本心からそう思っているなら、それはそれでとてもステキなことだ。幸福の、あるひとつの形であることは間違いない。

でも本心なんだろうか。そう思わないとやってられないので、そのように自分と他人に言い聞かせてモチベーションを高めているようにも見えたが、明らかに、本心から言っていると思われる人たちもいた。まあ、だからこそ残っているのだともいえる。そうは思えない人は辞めていったのだろうし。

ただ、私と同世代もしくはそれより上の人たちがそのような思いを抱いていることに関しては、私は理解出来る。

だって……彼女たちが（あるいは私が）若い頃、女に仕事なんかそんなになかった。ましてやシングルマザーが小さい子を抱えて働くなんてことは、当時はもっと大変だった（今も大変だが。保育園もないし）。せいぜいここ20年くらいではないだろうか、女性の仕事の幅と在り方が大きく拡がったのも。

「手に職」があれば別として、そうでなければ女性の仕事といえば男性の補助的業務ばかり。戦後を通じ、おおむねそうである。一般事務以外の仕事は見つけにくく、大卒以上の女子は扱いにくいからと言われて企業から敬遠された。私が高校生の頃（１９８０年代半ば）、進学を迷っていた私に、周囲はこう勧めたものだ。

「女子の場合、大学を出たところで就職先はない。就職を考えたら短大の方がいい」

学校の先生はハッキリと、

「大学は勉強するために行くところで、就職するために行くところではない」

と言っていた。

バブル時代の一時期、確かに状況は変わり、一般事務職や「腰掛けＯＬ」にもお給料を弾んでくれたし、「総合職」なるものが登場して、女性の働き方に多様性が出てきたのは事実だが、それも大企業での話（バブル期といえど、男性の補助的業務や腰掛けＯＬ以外で、どれほど求人があったかどうかは疑問）。

昨今、就職氷河期世代のことが社会問題化しているが、就職氷河期だろうが、それ以前だろうが、もともと女子にはさしたる就職先などなかった。

就職氷河期は、中堅～大手企業の求人数が激減し、女子も、一般事務職や男性の補助的仕事の求人は減って、これらが非正規や派遣に切り替えられていったわけだが、この時代に、基幹職や要職など、それまで男性しかいなかった分野でも女子採用がぐんと広がったのは事実である。

現在、自分のしたい仕事に就くことに性が障壁になることは、ゼロではないが、あまりないと思う。またマトモな会社であれば、少なくともセクハラには厳しい態度で臨むようになった。だから、そうなる前から、とりあえず女性に広く門戸を開き、一定の成績を出せば自立できる給与を与え、小さな子供を抱えても働くことのできた生保の仕事に、当時を知る女性たちが、「こんないい仕事はない」「こんなにいい会社はない」と語るのも、理解は出来る。

しかしそれから30年、時代も変わり、生保も昔ほどは稼げなくなった。他に稼げる仕事も出来た。そんなに感慨深く言われてもなあというのが、正直なところである。

ところで、私を生保レディに誘ってくれた紹介者の桜田さんは、私より10歳年下だが、「こんなにいい仕事はない」「いい会社はない」と本心から思っているかは別として、傍から見るとそう見えるひとりである。

彼女とは以前のパートの仕事（営業）で知り合った。その頃はまだ既婚だったが、その後、娘さんがまだ3歳にもならないあるとき、離婚した。

その営業の仕事はパートの主婦で回していて、最低賃金に１００円か１５０円上乗せになる程度の、「パートの中ではマシ」くらいの仕事だったが、時折、男性が入ってくることがあった。たいていは年配者なのだが、私と同い年の働き盛りの男性がいた。Ｂさんとしよう。

Bさんは有能な方で、こんなところでおばさんたちに混じって低賃金で働くのは本人も辛かったと思う。なんでもあるとき健康を害し、社員から派遣になり、派遣切りに遭うなどして、直近で仕事を見つけなくてはならなくなり、その職場に来られたとのこと。パート主婦を対象にしたこの仕事は、フルタイムで働いてノルマ達成したところで、生活給にも満たない。だから生活は厳しそうだった。この仕事のかたわら、株などの投資をし始めたとは聞いた。

Bさんは独身だった。有能だし、見た目も普通なのに結婚していないのは、経済的事情だろうか。

だから桜田さんが離婚したとき、Bさんが桜田さんに速攻モーションをかけ出した（ように私には見えた）とき、私は微笑ましく思っていた。うまくいってくれればいいと願った。

しかし……。あるとき、それとなく探りを入れてみた私に、桜田さんは言った。

「やー、私、Bさんから誘われたんですよね、治験のバイトに」

「は？　治験のバイト？」

彼がここに来る前、治験のバイトをしていたことは聞いていたが。

「何もしないで20万くらいになるよって勧めてきた。治験をやる人、紹介すると手数料がもらえるみたいで」

離婚した途端に誘いをかけているように見えたのは、そういうこと？　3歳にもならない女児を抱えたシングルマザーに、そんな話を持ち掛けるんだ……、いくらのキックバックになるのか知らないが。

がっかり。

桜田さんは治験のバイト（正確には治験はバイトではなくボランティア。ボランティアの謝礼として報酬が出る）はすることなく、ほどなくしてすぐに、今の仕事を見つけた。たまたま街頭で採用のキャッチをしていたX社の生保レディに声をかけられたのだという。

ひょんな縁から始まったこの仕事だけれど、桜田さんは〝感謝〟しながら、毎日、頑張っている。

第6章　採用

「世話になったんだから採用しなさい」

X社に限ったことではないが、国内生保の場合、おおむね採用は、生保レディの紹介で行う。既述したが、とかく保険というのはイメージが良くないのか、求人誌に求人をかけたくらいでは人が集まらないらしい。さらに言えば経費削減――要は、採用にもカネをかけたくないのだと思うが、ともかく採用は生保レディがすることになっている。

この紹介による採用制度自体を、私は悪いとは思わない。

だって日本のサラリーマン社会の中で、一体誰が、一緒に働く人を選べるだろうか？　誰も上司を選べなければ、同僚も後輩も選べない。選べない中で毎日、会社員生活をしているというものだ。

一般に、会社員の退職理由の上位には必ず、「人間関係」がきているはずだ。それを思うと、一緒に働く人を自分で選べる制度は、面白いと思うし、自分に有利にできる、いい制度だとも思う。

X社では、紹介者を親、紹介されて入る人を子と呼ぶならわしなのであるが、自分の子や孫（子がさらに誰かを紹介で入社させた場合は孫と呼ぶ）が増え、自分の血筋が一定数を超えると、〝独立〟することも出来、別途自分を所長とするオフィスを構えることが出来るのだ。

人を増やすことで、採用謝礼のほか、子や孫がノルマ達成すると、自分にもキックバックがある。

「友だちの友だちはみんな友だち」ではないけれど、ひとりの紹介者を通じて入社した人たちは、友だちの友だち同士だから、初対面でも親しみやすい。

またいくら採用ノルマが厳しくとも、キライな人をチームに呼ぶ人はいない。必然的に集まる面々は、職能にこそ差はあれど、常識的であり、この人なら大丈夫と紹介者が太鼓判を押した人なのでおおむね安心。ヘンな人やイジワルな人は紛れ込みにくい。私は働きやすい職場との実感を得ていたが、紹介による制度も一因なのかもしれない。

そんなわけで有利な制度であるのは事実だが、完全に生保レディの〝義務〟になっていて、あれは有利な制度だったんだなと思うようになったのは辞めてから。在籍時はそんな余裕はなかった。

そもそもどんなに生保レディにとって有利だからといっても、採用とは会社が自らの業務の継続のために行うべきものだ。ところが弊社の場合、そういう視点はもはや消えていて、採用とは生保レディが自分のために行うものになっていた。

しかもこの採用は、ひと月に1回以上あった。採用イベントとそれに付随した会社説明（3回）、面接というサイクルだ。面接はともかくとして、まずは採用イベントに人を呼んでこなければならない。

人を呼ぶくらいわけもないでしょと思うかもしれないが、何せ毎月1回と頻繁であり、そもそも今どき、20～55歳くらいの女性で、平日の昼間空いている人（つまり無職か専業主婦）を見つけるだけでも大変だし、加えてX社の場合、他生保で働いたことのある女性は採用しないルールなので（つまり〝生保バージン〟か、生保経験がある場合はX社のみ。ただし1年未満で辞めている人も、こらえ性のないものとみなされるのでこれも対象外）、該当者がなかなかいないのである。

私が在籍していた時期は、いわゆるキャッチ（街頭で声をかけること）が禁止されていたので、自分の人脈の中から連れてこなくてはならず、無理があった。そんなわけで、

「絶対、働かなくて構わないから、ともかく来てもらえない？　勧められたら断ってくれていいから」

というような感じで頼み込んで来てもらうことが多いが、集まらないことも多い（なお採用イベントの日は、保険の仕事は入れてはいけないことになっている）。

採用に関しては、義務は義務でもあくまで努力義務なので、イベントに人を呼べなくても給

与から引かれはしないが、上から常にハッパをかけられる。イベントの日は、開始直前まで誰か来てくれるように電話するよう求められる。「電話しなさい！」という部長を前に、そうせざるをえない雰囲気にさせられてくる。

正直、入社してまだ研修も終わってない段階からこの「人を連れてこい」が始まるから、閉口してしまった。まだ自分も入ったばかりで、どんな会社かもよくわからないのに……。せめて半年未満の新人は対象外にしてほしい。

そもそも採用まで営業部員の〝義務〟になりえるはずもなく、私たちにそれをさせるロジックなど存在しない。だからなのか知らないが、私たちに「採用やれ」というときのロジックは、

「会社に世話になってんでしょ、採用しなさいよ」

という、およそワケわかんないものであった。

イベントを打つ側としては成功させないといけないとはいえ、月に1回というのはやはり多すぎると思う。会社の要求に無理がある。それになぜ毎月毎月、〝大盛況〟にしないといけないのかも疑問である。

イベントの次は説明会。説明会は3回あって他オフィスとの合同だが、そのうちの1日が、梅村元支配人という、支社きっての大御所が来てお話をしてくれる日なのだが、時折、支社全体でも人が集まらないときがある。となるとさあ大変、「誰か呼んで！」という部長の怒りの声が響く。

「梅村元支配人にはお世話になってきたでしょう、このオフィスだって、梅村元支配人とか、先輩たちが作ってきたのよ。今、私たちがこうやっていられるのもみんな梅村さんたちのおかげなのよ。なのに、人がいないなんて、そんなこと出来るわけない、ありえない。ね、そうでしょう。誰か呼ばないといけないの、わかるでしょ。早く電話して！」

「みんな引継ぎ担当があるのは誰のおかげだと思ってるの？　梅村元支配人とか先輩たちのお客さんをもらってるんでしょう、感謝しましょうよ」

引継ぎ担当があるのはありがたいが、会社だって、退職者のお客さんをそのまま宙ぶらりんにさせるわけにもいくまい。引き継がせ継続させていくのは、個人のためというより会社のためではないのか？

もちろん部長としてもそんなことは重々承知か。なんとかして連れてこなくては上の人に合わせる顔がないということなのか。

だからもう必死で集めてくるわけだが、別に誰もX社の利益と体面と面子のために存在しているわけでもない。

こうならないとこの会社では生き残れないのだろうか。否、こうしないと稼げる生保レディになれないのだろうか？

そんなこともないと思う。単にそうしなければならないと思い込んでいるだけだと思う。会社がやれっていうからやる、その方がラクだから。うまくいかなければ会社のせいにすればいいのだから。

会社の覚えめでたくしたければ採用しなくてはならない

なお採用すると、

①1人につき薄謝が出る。本当に薄謝。諭吉が1枚と稲造がちょびっと。あといかにも高級っぽい箱に入った普通のタオルをもらった。

②会社から特別扱いしてもらえる。たとえば全体集会のときなども、来賓席みたいなところに座らせてもらえる。しかも数年にわたって。

③何より自分が成長できる。直属の後輩が出来ることで大いに成長する。

④採用者がノルマ達成すると、紹介者にも手当てがつく。

②の会社からの厚遇だが、X社では、採用協力した人は社内でのポイントが高く、もし会社で出世したいと思ったら保険契約を取るだけではだめで、採用を行わなくてはならない。

謝礼は本当に薄謝。通常のヘッドハンティングの世界では、1人の採用につき、その人の年収の1～2割が紹介料としてヘッドハンターに支払われるというが、生保レディ1人の年収を150万円と仮定しても1割で15万円だから、これはかなり低い（1割どころか1％。そもそも女性が稼げる仕事というのがウリなのに、初年度の年収を150万円と仮定してようやく1

00分率の計算が出来るというのも、どうかと思うが）。

それでもその1％が純粋に薄謝であればまだましともいえるが、実はこれは採用にかかる経費をも含んでいる。

つまり、一人の採用者を見つけていくにあたっても（さらに言えば採用後も）、送迎やらお茶代やら、あるいは手土産やら、やはり経費がかかってくるが、これらは自腹なのである。確かに、どこまでが採用でどこまでが保険なのか明確な線引きは難しいが（保険のつもりで営業していたら、保険は取れなかったが採用に至ったということもあれば、逆もある）、経費まで自腹とは。

まあ、お金だけが採用の目的ではない。しかしそもそも私はX社を、いい会社だとは思っていないので、採用には消極的にならざるをえない。ただイベントには人を呼ばないといけないので、めぼしいところを打診する。

「オフィスとか私たちを知ってもらうためのイベントなんです。もちろん勧誘なんかしませんヨ。良かったらオフィスに遊びに来ませんか？」

というような具合で。

たいていは断られるのだが、あるとき、二つ返事で「いいですよ」と言ってくれた人がいた。8月のことだ。

「小さなお子さんのいる女性も大丈夫」

その方は、私と同僚の石原さんが一緒に飛び込みをしたときに知り合った方で、3歳の女の子と8か月の赤ちゃんを持つお母さんだった。伊藤モエさんとでもしておこう。娘さんはそれぞれルリちゃんとマヤちゃんといった。

石原さんとのペア活動で、飛び込み営業から1か月程度で成約に結び付いた稀有な事例で、仲良くなったついでに上記みたいな感じで誘ったら、二つ返事で「いいですよ」と言ってくれたのだ。なんていい人なんだ！

美人で素直な印象の女性だったから、当然、部長が挨拶しながら何気なく勧誘を始めたとしても、何も不思議ではなかった。とはいえ、上は3歳、下はまだ8か月の乳飲み子がおり、ご主人は、業界ではよく知られた中堅企業にお勤めで、早急にお金がいるというわけでもない。きっと部長は、子どもたちが少し手を離れだしたことに合わせて、今から布陣でも敷いているのだろうくらいに思っていた。

だからさらに〝説明会〟に彼女が呼ばれ、これまた二つ返事で来てくれたときも、こちらの人数合わせにつきあってくださって本当に申し訳ない、何かお礼しなくちゃくらいにしか思っていなかった。

ところが。結論からいうと彼女は速攻で入社することになったのである。

部長の上手なプッシュ――お子さんが2人もいれば、貯金もしていかなくちゃいけないでしょうとか、子供がいる人もたくさん働いていて、女性にはとても働きやすい職場ですよとか、保険っていうと身構える人が多いけど、ちゃんと会社で研修してフォローするし、最初はみんな緊張するけどすぐに慣れるわ大丈夫とか、あなたみたいな素直で性格のいい人にぜひ来てもらいたいとか――そんな上手な勧誘の数々に、やる気が喚起されてきたのだろうが、それでも彼女は言ったはずだ。

「でも上は幼稚園で送り迎えもあるし、下はまだ8か月ですし」

それに対し、多分、部長はこう言ったのだ。

「子供さんのことは大丈夫よ。コチラで見るから」

こう言われ「え？　大丈夫なんですか？」くらいは伊藤さんも言ったと思うし、それに対し部長は「大丈夫、大丈夫」とさらに太鼓判を押したのだと思う。

もちろんここでいうコチラとは私と石原さんのことだ。何も知らない私たちはその日、突然、伊藤さんが入社することになったことを聞かされ、部長から通達を受けたのだった。

「伊藤さんが今月からでも始めたいって言ってるから、ふたりでルリちゃんとマヤちゃんの面倒を見てあげてね。ともかくまず急いでマヤちゃんが入れる乳児園探しして」

寝耳に水とはこのことか。というわけでまずは乳児園探し。伊藤さんと一緒に働けるのは確かに嬉しいが、別に今でなくていいのに。だって、時は尋常でない日本の暑さがピークを迎える8月である。

伊藤さんの家は、交通といえばバスしかない場所で、伊藤さんの家には車がない。この真夏の盛りに乳飲み子2人を抱えながら通勤させるわけにもいかず、幸い彼女の家は、私の家から大回りしていける場所にあったから、毎朝、通勤時にお迎えにいくのが私の仕事になった。そうやって彼女を拾い、マヤちゃんを乳児園に預け、伊藤さんを研修室に届けて、自分はその後出社する。

ルリちゃんの幼稚園は8月は夏休みで午前中のみの開園、さらに夏季休業があった。だからルリちゃんの幼稚園のお迎えも私たちの仕事になり、ママの研修が終わるまで、会社で私たちが子供の相手をしていた。

〝私たち〟だけれど、石原さんは外せないアポが入っていることが多かったし、私はまだ新人だからそれほど緊急のアポなど入らない。必然的に私が任されることが多くなる。

かくして研修が一段落つく10月初めくらいまで、この会社保育が続いたのであった。

結論から言うと――この会社保育は私にとって楽しい時間であった。子どもたちは可愛いし、毎日一緒にいるからなついてくれて、子供のいない私にはとても楽しい毎日だった。

あとで知ったが、採用は毎月やっているにもかかわらず、こんなふうに、ともかくそのときの一番早いクールに合わせて入社させようとするのは、別の上司によれば、「考える時間を与えるとほとんどの場合断られるので」「ともかくやりたいという気持ちが出てきているのがわかったら、その月に何がなんでもプッシュ」させるのだそうだ。

実際、そのときの直属の上司であった元村トレーナーは渋い顔をしていた。いくらなんでもまだ早すぎると……。私もそう思う。今後、ここで長く働くことを思えば、きちんとしかるべき準備をさせてから臨むべきであると思う。2人の乳飲み子を抱えて働くというのは、並大抵のことではない。

ただ会社保育をする中でわかったが、これもまた部長らしいというか、部長からすれば、これもまた私たちへの厚遇のひとつなのだろうなという感じ。

既述したように、X社では採用を行う人がポイントが高い。採用をしても直接の現金は微々たるものだが、会社から覚えめでたくなり出世の近道になる。この会社でやっていこうと思ったら、採用はしていくにこしたことはないわけで、部長にしてみれば、まだ入社間もない私のためにも、キメてくれたのだと思う。

会社保育は成り行き上そうなっただけのことだが、我が部長は良きにつけ悪しきにつけ、〝人情〟で知られていた。同僚同士で面倒を見てあげるというシチュエーションを作って、互いにかかわることで人間関係を深め、互いに成長していく。そういうふうにしてチームの結束が固まっていき、親と子という呼び名にふさわしい関係が構築されていく――そんな良質な側面への期待が痛いほど伝わってきた。

確かにおかげで私と伊藤さんの間には絆ができ、ルリちゃんとマヤちゃんとの間にも絆ができた。私の生保レディライフのいい思い出のひとつである。

ただ伊藤さんは、前職も工場の生産ラインだったそうで、元々営業のような仕事は得意ではなかったらしい。またどちらかといえば、ぜひぜひとお願いされて、あるいはとても上手に誘われて入社しただけだったこともあって、半年を過ぎたくらいで辞めていった。

高い離職率の理由

生保レディの離職率は高い。既述したが、100人入って100人辞めるなんて言われる世界。もちろんこれでは理論的に成立しないし、昨今は、少子化と人手不足を受けて大量採用大量離職方式も限界にきているせいか、そこまでの離職率ではないが、在籍率は1年目でざっと半分から3分の2、5年経過後で2割程度といったところではないかと思う。

こんな話を聞くと怖気づく人も多いと思うが、生保ならではの事情もあるので、そんなに怖気づかなくてもいいかもしれない。

何せ希望者を募って試験や面接で落としていくのではなく、こちらからお願いして来てくれる人を探している状態。よほど非常識な印象を与えない限りはウェルカムなので、そもそも入ってくる人が多い。

そして入社前はお願いして拝み倒してでも来てもらう……だったのに、入社するといきなり「会社に世話になっている」「感謝しなさい」というふうに変わるから、ギャップが激しい。

また、1人採用すると、ごくわずかな採用謝礼はともかく会社から厚遇されるので、それを目当てに一生懸命採用をする人たちがいるのも事実で、「ともかく3か月で辞めていいから来て」「営業かばんとか買ってあげるから来て」と言われてきた人もいる。

またあともう1件、もう1件というベクトルが働くように工夫されているのは採用も然りで、1人採用しても薄謝だが、4人採用するとぐんと跳ね上がる仕組みになっている(累計で4人ではなく、在籍者が常に4人いる状態)。だから何が何でも数を揃えたくなるのである(ただ早期に辞めると、一度支払われた薄謝が引き戻しになる)。

私が最も驚いたケースは、「毎朝送り迎えしてあげるから来て」。ある同僚は、本当に毎日の送迎を条件にしばらく通うことを了承したが、いざ入社したら、送り迎えなんかまったくしてくれなかったといって怒っていた。こんな条件を持ち掛ける方も持ち掛ける方だが、それを本当に要求する方も要求する方だと思うが……。

こんな感じで、働く気がない人をして「その気にさせて」「お願いして」来てもらうことも多いので、入社後、生保の現実を知って、辞めていく人は多い。もともと女性の場合、ライフスタイルの変化に伴い離職することは多いが、さらにこういう事情が加わって、高い離職率を形成していると思われる。

シングルマザーや、なにがしかの家計を支えねばならない事情がある人、ここで働こうという固い決意をした上でやってきた人などは、当然のことだが簡単には辞めたりしない。なお、確たる動機もないまま入社したような人でも、意外にそのまま続ける人もたくさんいる。前述の、送迎を条件に入社し、送迎してくれないと怒っていた私の同僚も、なぜかそのまま続けていて、今では立派な中堅を担っているからわからないものである。

福利厚生

さて、私がここで働いてみようかなと思った理由のひとつは、「大企業だから」。採用時もここを強く強調して勧誘する。

大企業だから福利厚生もしっかりしている。特に療養休暇や産前産後休暇、介護休暇等々。有給休暇も初年度からたっぷりある。その部分は本当にありがたいし、そういう福利厚生が目当てで会社に〝居座っている〟人たちも大勢いた。

さらにいえば厚生年金であること。これも会社が勧誘するときの最大のウリのひとつ。厚生年金がどんなにすばらしいかを示すパワポ資料もきちんと用意されている。そうして老後の不安を上手に煽りながら、厚生年金や退職金制度があることがどれほど素晴らしく、夢のような老後を送れるのか力説する（生保を経験して痛感したが、悲しきかな、保険契約にしろ採用にしろ、相手の理性に訴えかけるというより、むしろ不安を煽る方が効果があるような気がする）。

女性の仕事といえば、いまだ非正規雇用が主流な中にあって、この福利厚生と厚生年金、退職金は確かに魅力がある。私もそこは捨てがたく、辞める時も悩んだ。

とはいえ大企業っぽくないこともたくさんある。たとえば休日出勤は、生保レディの場合、買取りはなくすべて代休消化だが、それも出勤したその次の週のいずれか（朝礼のない水曜日推奨）に消化しなくてはならず、それが出来ないと権利を失う。変な話である。

だから締め日が近づくと追い込みで休日出勤をしなくてはならなくなるが、その場合の代休日も、締め日間近のどこかで取らなくてはならない。一番忙しい期間なので結局取れない、なんてこともある。なんだかこれでは代休を取らせたくないみたいである。

出退勤については、X社はそれほど厳しくなく、もちろん上長への報告・許可はいるけれど、遅刻早退は給与天引きにはならない。このあたりは、面倒をみなくてはならないお子さんやご家族がいらっしゃる方には、確かにとても良いと思う。

なお、これはウチだけではなく、国内大手生保はおおむね出退勤及び遅刻早退には厳しくないし、休みも多い。保険の仕事の魅力のひとつだと思う。小さなお子さんがいる方など事情がある人のために、時短勤務を導入している会社もあるようだが、ウチは上長裁量だった。給与は同じだから、「あの人は、子どもを理由にいつも早帰りさせてもらっててずるい」というような認識が起きる場合もある。

〝女性が輝いている仕事〟なのか？

採用のときにしきりに言われる勧誘殺し文句のひとつは、〝女性が輝いている仕事〟というフレーズ。実際、毎月配られる生保レディ向け社内会報誌などでも、しきりに〝輝いている女性〟——ママであり、妻であり、そしてお客様にとってかけがえのない安心をお届けするセールスレディである女性たちが紹介され、そして「この仕事を選んで本当に良かった」というようなフレーズで締めくくられる。

結論から言うと、もちろんこの仕事で水を得た魚がごとく輝く人もいるし、そうでない人もいるが、女性たちが輝くのはあくまで、現場においてである。

生保の世界は伝統的に、現場で働いているのは女性で、ルールを作り管理するのは男性という棲み分けのなされてきた世界。たとえていうならそのものズバリ、日本の伝統漁「鵜飼」。鵜匠が男性で、生保レディは鵜である。鵜が鵜匠になることはない。輝いているというのは、よく魚を捕る鵜であり続ければ鵜匠から厚遇してもらえる、輝いている鵜になれるということだ。

（なお、現在ではこれも変わってきていて、働く女性と管理する男性というヒエラルキーではなく、基幹業務・幹部候補として採用された定期採用組と、現場の生保レディという、正確にはそういう棲み分けである。基幹業務・幹部候補の定期採用組にはもちろん女性もいるが、実際の現場で管理業務にあたっているのは、男性が圧倒的に多いようだ）。

ノルマどおりの魚を捕った鵜のために、毎月1回、表彰のイベントが行われる。BGMにのせて名前が読み上げられ、拍手で迎えられる。大きな会場を借り切った支社大会では檀の上にあげて表彰する。スポットライトを浴びて拍手喝采されるのである。

この拍手喝采を、まるで生保レディの花道のように思っている人もたくさんいた。

女性にそっぽを向かれたら崩壊する体制なので、管理サイドの男性たちは女性たちには気を使う。イベントなどにおいても、女性たちを笑わせたり楽しませることに主眼が置かれ、確かに悪い気はしないが、うまく乗せて働かせて利益を得ているのは誰か、と言われたら明白だ。

もちろん特に学歴もキャリアも必要もなく、紹介を経て、簡単な面接だけで採用される組と、一定の学歴やキャリア条件を満たし、厳しい採用試験をパスして入った組とで、扱いに差があるのは仕方がない。ただ、〝輝いている女性〟だとか〝女性の感性を生かせる仕事〟だとか〝女性だからできること〟等々、華やかなキャッチコピーで飾られようとも、ヒエラルキーの最下層にいることには変わりはない。

なお、ヒエラルキー内の各階層には各階層なりの悩みやしがらみがあるようで、とある支社の男性は、

「本社行くと、仕事もしないくせに高い給与だけもらっている連中がたくさんいるんだ」なーんて、怒ってたっけ。

努力すればするだけ報われる？

努力すればするだけ報われると上の人たちは言うが、どうなんだろう。努力して報われるのは会社じゃないのか？　個人じゃなくて。

ある古参の女性に言わせると、

「会社が求めているのは、ズバ抜けた、抜きん出た成績を残す人で、そういう人に有利になるような仕組みになっている。そうでないと、なかなかお給料は上がらないのよね……」

だそうだ。

ここに入ってくる生保レディたちのほとんどがそうだと思うが、何も億万長者になりたいと思って入社するわけではなく、普通に働いて（あるいは一生懸命働いて）、普通の生活給を得、生活を普通より豊かにしたいだけだ。

昨今はどの業界も、こういう二極化傾向の強い給与体系になりつつあるような気もするが、働いている人の誰がそんなこと望んでいるんだろう？

生保レディは安定しない仕事なので、長く勤めている女性は、安定収入のあるご主人のいる女性であることが多い。難しい仕事だからと辞めていく人も多いが、それでももうちょっと給与を上げたり、少なくとも2年以下の新人に対しては、ノルマ未達成であったとしても、教育期間なのだから、給与がそれほどダダ下がらないようにしてもらえれば、定着率も良くなる気がするのだが。抜きん出た成績を残す人以外は、定着させたいとも思ってないか。

ある人に言わせると、

「新しく採用すれば、その人が、たいていは家族とか親戚とか友人とかで契約を持ってくるから、仮に短期で辞めても、会社は元をとれるからそれでいいんだよ。だから採用採用って言うのよ」

という。これは単にそのように言う人がいたというだけのことで、会社がそう言っているわけでもないし、そういう証拠があるわけでもない。現場での実感に過ぎないが、さもありなんと思う。一人の採用者の背後には、彼女にまったく営業の素質がなかったとしても、ヒモでつながっている契約が必ずあるのだ。

そして親戚を取りつくし、契約を挙げられなくなってくると……もちろん、なんとか下駄をはかせて延命と救済をしてくれたりもするが、もうだめだと見切られれば雇用契約は終了、第4章でも記述した「外部委嘱」に移行する。外部委嘱のまま一定期間が過ぎれば、解嘱。

会社とすれば、その分また採用すればいい、ということか。新人にはぶら下がっている契約が必ずあるのだから。

かくして今日も生保レディたちは、採用、採用と叱咤されるのだ。

離職率も高いが再就職率も高い

と、ここまでかなり否定的なことばかり書いてきたが、もちろんこの仕事ならではの良い所もたくさんある。

生保の仕事は女性の仕事として定着してきたから、働き方などは女性にやさしい仕組みになっているのは確か。女性しかいないオフィスは、私にとってとても働きやすかった。自分自身に関していえば、私は男社会で働くより、こういう女性だけの職場で働く方が性に合っているのかとも思った。

女が40人もいればイヤな人もいるけれど、基本は個人もしくはチームで動くので、イヤな人とかかわることはほとんどない。その意味ではラクである。イヤな人もイジワルな人も、自分のノルマで忙しいのは事実なので、深く絡んでくることはあまりないと思われる。

紹介で入るから、最初から見知った人がいるわけで、その意味でも安心。とかく女性の場合、職場の人間関係は勤務していく上での大事なファクターだが、人間関係でいやな思いをすることがないよう、会社も最大限注意を払ってくれたし、居場所がないような思いをすることがないよう気を使ってくれた。

仕事やノルマがきつい分、それ以外のことでいやな思いをしたり、それが離職の理由になったりしないようにという配慮なのかもしれない。

生保は、人間関係を築いていくこと、すでに築かれている人間関係を広げていくことが仕事につながっていく。友だちや知り合いを広く作っていきたい人には、とてもいい仕事ではないかと思う。気持ちとしては、単に友人知人のところに遊びに行くだけのことが、「アポイント」として大事な仕事になるのだから。うまく軌道に乗ってくると、趣味と実益が一致する面白い仕事になりえるはずだ。

実は生保レディの世界は、離職率は高いけれど再就職率も高い。一度生保を経験し辞めた人が、再就職するケースも多いのだ。

他の仕事に就く中で、改めて生保の良さを実感して戻ってくる人もいれば、単に「パートよりマシ」で、他に仕事がないからだけかもしれない。いずれにしても、復帰にあたってはそれなりの決意をもって臨んでくることがほとんどだから、おおむね成績も良好、定年までしっかり勤めあげる気持ちで頑張っている人が多い。

生保レディの昇格は、トレーナーと呼ばれる教育担当者かもしくはオフィス長までが多いが、もっと上に行く人もいる。現場で確かに数字をあげて来た人が抜擢される（これはX社での話。生保レディは現場だけで昇格しない会社もある）。

とかく男性社会で出世していく女性というのは、私のつたない経験の中から言わせてもらえば、気の強さを感じさせるタイプか、媚びたい相手の前で語尾が上がる小賢しい感じか、どちらかが多い気がするのだが、ここでは、妻であり、母であり、普通の優しさや社交性を兼ね備えた女性が、その延長でそのまま人を束ねる仕事についている印象があった。

仕事上の上下関係はあるけれど、少し仕事から離れれば、普通の女同士の関係になる。我が部長にしても、サシで向かい合えば、普通の気さくなおばさんである（ただ時折、視線が鋭かったりして、タダのおばさんではないことを匂わせている）。

一般に、ポストに胡坐をかいて、ただ威張っているだけの上司というのはよく存在するが、X社の場合、厳しい査定をされるのは管理者たちも同様で、ある一定の成績を収めないと降格等々になることもあるし、最悪の場合、オフィスが潰されることもある。だから現場は常に緊張感があり、威張っているだけの人が現場に君臨して、現場の士気を下げる――といったことは、仕組み上おこりにくくなっている。

上意下達、同調圧力の強い社風で、大企業や為政者に都合のいい考え方を洗脳されているような気分にさせられることも多かったから会社は好きになれなかったが、職場そのものは楽しかったし、些細ないさかいはあれども、上の人たちを含め、つきあいやすい人たちだった。

なおX社のような横並び意識の強い会社ではなく、個人を尊重し、高い人権意識を掲げる会社が、必ずしも働きやすい、良い職場であるとも限らない。私が昔働いていたマスメディア業界などは、そんな会社がゴマンとある。言うことは立派で他人の批判も熱心だが、自分のところはただのブラック企業で、荒んだ人材を量産していくだけ……そんな会社はいくらでもある。

上意下達、同調圧力が強く、コンプライアンスがズレている会社が、イヤな人が多くて、居心地の悪い会社だったらよかったのに。でも実際には逆。波風を立てることを嫌い、同調圧力の強いオフィスは、平和で温かく、穏やかで、過ごしやすかった。

支社の男性たちだって、通りで会えば彼らから声をかけてくれるような、気さくな人たちだった。名前もちゃんと覚えてくれていて（これだけ大勢のレディがいるのに……）感心した覚えがある。みんな「いい人」だったと思う。

「親戚・友人には営業しなくても大丈夫」

勧誘のときはそのように言いますが……結論からいうと、親戚・友人に営業しないでやっていけるほど甘くはないと思う。

確かにベテラン生保レディの中には、「私は親戚とか友人とかは、やらないでやってきた」「自力で頑張った」と語る人も時折いるが、それは昔の話。今は、そんな甘いことを言っていたら難しいと思う。

そもそも保険に入りたければ保険ショップに行けばいいし、ネットでも加入できるし、銀行も保険を販売する時代である。現在、生保レディに求められているのは、そこから漏れている人々をさらっていくことだ。つまりはっきりは言わないけれど暗に期待されているのは、生保レディ個人の人脈を使って営業すること。

数字が取れる職営や引継ぎ担当を運よく引き継げれば（あるいは自力で開拓できれば）いいが、法人も減っているのが現状。職営も、昔と違って、今はセキュリティなどを理由に出入りを断る会社が増えた。ゼロからの顧客開拓は簡単ではないし、手っ取り早く契約を挙げたいと思ったら、やはり友人知人家族親戚にあたる方が断然、近道。

ある外資系男性生保は、「やりたくなければ親戚友人に営業しなくてもいい」などという甘いことは最初から言わず、むしろ親戚友人から営業を始めていくように最初から指導されるそうだ。大学時代の名簿を持ってこさせて順繰りに連絡させたりするという。入社にあたっても、リストに営業できそうな友人知人親戚を書き出させ、リストをいっぱいに出来ないのならこの仕事は難しいと、はっきり言われるそうである。

親戚や友人に保険を勧めて……というと身構えてしまう人も多いと思うが、するべきことは「営業する」であって、何がなんでも当該の親戚・友人から契約を取ることではない。

もともと保険なんて1回の営業で取れるほど甘いものではなく、1年2年どころか、10年20年通い続けてやっと契約を頂いたという話もザラ。最初の1回目などは種まき作業と心得、その後もフォローしながら、何かライフスタイルの変化など、保険や金融を必要とする場面に遭遇したときにまずは打診してもらえる間柄にしていくのが保険営業の極意だと思う。

親戚や友人から契約をもらうことを目的にすると、絶対に「やりたくない」という気持ちになるかもしれないが、親戚や友人に「保険を始めたので必要なときに打診してもらえるように告げる」「あるいは誰かライフスタイルの変わったばかりの人を紹介してもらう」というふうに思考を切り替えれば、それほど苦痛にはならないはずだ。

というわけで。一度、オフィスに遊びに来てみませんか？

第7章　見込みがない……

見込み客がいない

会社は、生保レディに「提案型営業」のできる人材になってもらいたいという気持ちがあるらしい。提案型営業とは、お客様のニーズを言われる前に察知し、それに見合った見積もりを作っていけることでもあるし、保険や金融に熟知し、まさにお客様のアドバイザーのようになることを指す。

しかしほとんどの生保レディが四苦八苦しているのは、提案型営業ができるできない以前の問題、つまり〝見込み〟をいかに見つけるか、だと思う。

見込みとはつまり保険営業ができる相手のことである。見積もりをお出しできる相手のことである。保険ショップでいえば、ショップに立ち寄ってくれる人。

保険営業が、親戚友人知人など個々人の人脈に依拠したスタイルになっていくのもそこが理由で、ともかく営業できる相手を見つけていくのが第一のハードル。

営業相手が見つかれば、見積もりを出していければ、あとは数勝負ともいえる。自分としては成約の可能性が高いと思われる見積もり3件につき1件程度の成約、というような実感を得ていた。成約が期待できそうな見積もり1件の背後には、多分断られるであろう見積もりが2、3件あるというべきで、この法則にならうと、ともかく出した見積もり10件につき1、2件の成約といったところか。

最初のうちは、いただいた引継ぎ担当を中心に飛び込み営業も交えて、何とか見込みを維持していた私だが、引継ぎ担当も半分は、連絡がつかないか、ついてもまったく次につなげようのないことが多いし、飛び込みもサボっていたら取れなくなってしまい、半年以上を経過したある時期から、本当に見込みがなくなってきた。

毎年12月は、まさに生保の冬の月である。11月の祝い月を終え、ただでさえ、取れそうなお客様はすべて取りつくしてぺんぺん草も生えないといった状況だが、年の瀬の忙しい時に保険のことを考える人はあまりいないようで、「そういうのは来年にして」というふうになる。私もついに12月に契約ゼロをやった。小さなお見直しも含め、ともかく1件も取れなかったのだ。これは保険募集者としてはとても恥ずかしいことらしい。

契約がゼロになると、給与は容赦なくダダ下がる。手取りにして10万円前後。何度も言うが、ガソリン代などの交通費や、文具手土産等々の経費もすべてここから捻出していくので、フトコロにはかなり痛い。何のために働いているのかわからない感じである。

しかし取れないものは仕方がない。

美人はトクか？

もちろん。美人がトクでない業種ってあるんだろうか？

保険も当然のことながら、美人が有利。特に職営となれば、若くて美人であれば、それにこしたことはない。

第5章で記述した〝期待のルーキー〟ことユリエさんは40代前半、人妻の色気を漂わせるきれいな方だったから、職営でも人気だったという。その会社には▲▲生命も出入りしていたそうだが、ユリエさんはある男性から、加入済みの▲▲生命を解約させて、ウチの保険に加入させたそうだ。略奪愛ならぬ略奪契約。

同僚曰く、

「だってその▲▲生命さんも、出入りしてていつも顔合わせてるワケじゃん。それをひっくり返しちゃったんだよ。きっと恨まれただろうねえ。私、そういうの、ヤだな。だって恨まれたら怖いじゃん」

「確かに。他社とも平和共存したいよね。だけどこの間、給与のことでボヤいてたよ。私は主婦だからいいけど、こんなんで独身の人とかって、どうやってやっていけるのかしらって」

「何それ。それはユリエさんから言われたくないよ、だってあの人、あんなに優遇されてて」

ユリエさんは朝礼や夕礼のとき、いないことが多かった。お子さんが小さいので保育園等々に送り迎えがあるとのこと、朝礼夕礼は出なくてもいいことになっていた（給与は皆と同じ）。それに部長が、契約をあげてノルマ達成させているというし、優遇されているのは事実。

「さあ。略奪した割には大したことないって意味かしら？　でもあんなに連月ノルマ達成している人が、給与が低くてやってられないみたいな話聞くと、夢がないよねえ。私、さらにモチベーションなくしたわ……」

ところでこの略奪契約には後日談がある。加入中の契約を解約されて持っていかれた▲▲生命さんだが、その後、その営業さんは▲▲生命の新商品で、当該男性に再契約させたというのである。当然ユリエさんが取った契約は解約……。

早期の解約は面倒で、引き戻し他、ペナルティが来る。早期解約されるくらいなら、契約しない方がいいくらい。この男性は、そういう生保の裏事情を知ってか知らずか、あるいは本人に言わせれば、「二人とも平等に扱ってあげた」ということになるのか、いずれにしても、良いように扱われたのはレディたちの方であろう。

ユリエさんは職営で成果をあげていた人だが、その後、職営も取れなくなってきたらしく、しばらくしてお辞めになった。

ユリエさんはもともと、メイクアップの仕事に就きたかったそうで、メイクアップの学校に行くためにお金を貯めるべく、介護の仕事に就いたと聞いた。お金を貯めるなら保険の方ではないの？　と思うのだが……。

人妻の色気を漂わせるユリエさんに対し、20代後半のヒトミさんはスレンダーな肢体、艶やかなロングヘア、陶器のような透き通った肌が印象的な、まるでモデルか女優のような美しい容姿の女性だ。

私は彼女に「若いころのエマニュエル・ベアールに似てるね」と言って誉めたのだが、20代の若き彼女は、エマニュエル・ベアールを知らない。日本人で若かりし頃のエマニュエル・ベアールに似ているなんてスゴイと思うのだが、本人はそのスゴさをわかっていない。

それこそお金が目的なら、保険よりキャバクラのキャストの方が、と皆に言われていた（ただし本人はこのように言われることを嫌っていた）。当然ながら、職営に行けば殿方が黙っていない。

ヒトミさんは、同僚とペアで職営に行っていたが、その同僚曰く、

「（保険の話をゆっくり聞きたいというので2人で行ったら）ヒトミさんだけ来ればいい、あなたは来なくていいって言うのよ、失礼でしょう」

と怒っていた。ヒトミさんを口説きたい気満々という感じだが、この男性、保険はやる気がないらしい。なんでも奥様がサイフを握っていて保険をウンと言ってくれないのだとか。しか

しヒトミさんを誘って呑みや食事だけしたいという。

そんな都合のいい話ないでしょと思うが、そういう男性もいるのである。こういう方は、保険はやる気はないのに、ちょっと保険をやりたいようなニュアンスを時々出してくるので、要注意である。あるいは、食事以上のことをすれば契約してくれるのかもしれないが、当のヒトミさんはお金に困っておらず、何が何でも契約を取りたいという思いでやっている人でもないので、当該男性にも知らんぷりであったが。

さて女たるもの、誰かの美人であることは間違いない。私はアラフィフのおばさんで、30代の男性からしたら何の魅力もないだろうが、60代の男性からだったら、とても可愛いく見えるに違いない（多分）。

Hさんは、60代後半の独身男性。引継ぎで頂いたお客様だ。医療保障のお見直しを提案したらサクッと同意してくれたのはいいが、告知で引っ掛かって見直すことが出来なかった残念なパターンだった。ただオフィスイベントなども誘えば二つ返事でOKしてくれるから、私もしっかりフォローしていた。

この方は独身で淋しいからなのか、たまに私に電話をしてきた。一方的に世間話をして、適当な頃合いできちんと切ってくれるので、特にいやではなかった。滑舌が悪くて何を言っているのかよくわからなかったけれど、大切なお客様だし、誰かと話したいという以外の意図はなさそうだから特に問題もなかった。

あるとき、どなたか保険や年金にご興味ある方をご紹介頂けないか聞いたら、「俺はそういうのは嫌いなんだ」と、はっきり断ってきた。嫌なことは嫌だとはっきり言い、いったん嫌と言ったことは決して曲げない印象を受けた。

そんなある日のこと、医療保険の新たな特約が出来たので、それをご提案すると、必要ないとのことであっけなく断られた。その後、保険料を安くして再提案するも却下。

いよいよ今月は未契約かというそのとき、鈴木トレーナーが、特約をつけて100円だけアップするような見積もりを作ってきた。これなら決まるだろう、アップするのは100円だけ、年間1200円。ともかく未契約は困る、1件でもお見直しをやれば未契約ではなくなるので、トレーナーと締め切り前日の夕方、Hさん宅にアポなしで押し掛ける。

突然の来訪に、気を悪くした風ではなかったが、その特約は俺には必要ないと彼は繰り返した。でも100円アップするだけでこれだけの保障になるんですよ、ご検討いただけませんか？　ではなくて、もう、ぶっちゃけ、契約が取れなくて困っているんです。Hさんなら助けていただけるかなと思って参りました。お願いできませんか？　困っているんですと泣きを入れること1時間。驚くべきことに彼はそれでも首を縦には振ってくれなかった。

もともといったんイヤと言いだしたらテコでも動かないタイプの方だったが、たった100円のアップですらOKしてくれないのか……。

その後、電話してみたが、今度は電話にも出てくれなかった。親しげにたまに電話くれたりしてたのに。あれ、何だったの……？

お客様に更新型は古いと言われる

X社では生命保険は〝更新型〟で契約することが多い。ある一定年齢に達すると保険料が〝更新〟（実質の値上がり）されていくというもので、加入時は安い保険でも、年月の経過とともに2倍に跳ね上がったりする。それで更新が近づいたら、私たち生保レディが訪問し、〝お見直し〟をご提案するのだ。

見直し、つまりサービス内容を一部変えることで、更新したら倍になる契約も、せいぜい1・2～1・5倍程度の増額にとどめることが出来る。この更新型が、一生涯保険料が変わらない全期型に比べ、どの程度会社に利益をもたらすのか私は知らないが、更新型のおかげで、お客様は生保レディと面会しなくてはならない必要が生じるので、生保レディとしてはとても嬉しいシステムである。2倍になるものが、せいぜい1・2倍で済みますよと言われれば、たいていの人は面会を約束し、そちらで契約をし直すものだ。ともかく私たちの仕事はお客様に会えないと始まらない。お客様と会えれば、ご家族や友達を紹介してもらったり、新商品のご提案もできる。

というわけで、その日も私は、更新の近づいた引継ぎのお客様に、お見直しのお話をしに行った。その人の名前は栗原さんといった。

奥様と2人、もうすぐつましい年金暮らしになるという栗原さんは、お見直ししないと来年から2倍近くになってしまうという更新の話を受けて、

「もう年金暮らしになるから、そんなに高い保険にも入っていられない。生命保険と医療保障合わせてせいぜい5000円前後にできる保険にしたい。共済とか外資の保険とかなら、この年齢でもそれくらいで出来るものもあるし。それが無理なら解約したい。あなたの前の以前の担当者の人にもその話はしたんだが……」

聞いてないの？　というふうな顔をしつつ、栗原さんは続けた。

「高い更新額をちらつかせて見直しさせていく、日本の生命保険のやり方はもう古いし、時代に追随していないから駄目だ。年取ったやつらが上にいるから、若いやつらがどんなに言ってもだめなんだろ？」

それは違います。ウチの社長は若いですよ。栗原さんより、全然若いです。見た目も若々しくて素敵な方です。

しかし、若いからって、新しい考え方をするものでもないと思います。ウチの会社にいると痛感しますよ。このあいだも全体集会でね、20代だと思いますが、出世コースの管理サイドの男性ですけど、にやにやしながら何を言うかと思ったら、いわゆる民族ジョークってやつを引

き合いに出してね、こんな話をしたんです。

「ほら、僕ら日本人って横並び意識が強いじゃないですか」と前置きしたうえで、「船が、ある島に寄港した。船長は皆に降りてもらいたかったのだが誰も降りようとしない。それでこう言った。イタリア人には『美女がいますよ』、アメリカ人には『最初に降りた人がヒーローですよ』。日本人には『業務命令です』と言い、フランス人には『降りないでください』、韓国人には『日本人が先に降りたよ』って言ったらみんな降りた」ってジョークを引き合いに出し、「いやー、確かにそうですよねえ、命令ですって言われたら降りちゃいますよね」としみじみ言うんですよ。民族ジョークって、しみじみ実感するものじゃないですよね。皮肉なんですから。あの方、よっぽど横並びが好きなんでしょうね。

しかもですね、その若い男性だけじゃないんです。別の30代くらいの男性も、オフィスに来て研修してくれたときに、にやにやしながらこの同じジョークを引き合いに出したんです。多分、集会やら研修やら会議やらのときに、上の人がそんな話をしたんじゃないでしょうか。だから同じ話を、私たちも2回聞く羽目になっているわけですが、彼も「日本人って横並び意識が好きじゃないですか」としみじみ言ってました。私、横並び意識ない人なので、さっぱり分からないです。そんなに横並び意識好きですかね？

若いからって、新しいことをしたがるとか、古いシステムにこだわらないなんていうのは、年寄りの発想ですよ。

さらに言いますとね、彼らのもっと上のエライ人――多分、50代の方ですけどね――がこのあいだオフィスに来たとき、こんなことを言ってました。先日発売になった新商品について、それを皆で一丸になって売っていきましょうって話の中で出て来たんですけどね、「私が若い頃、会社が保険に更新型を取り入れた。そういう時、必ず、こんなのお客様のためにならないとか、売りたくないとか言って売らないやつがいるんだ。そういう人はね、会社からたいていいなくなっていく。皆さんは、会社が出している商品なんだから、やっぱりみんなでちゃんと売って欲しい」だそうです。

そういうわけで、若いとか年を取っているだとか、男だからとか女だからとか、私は関係ないと思います。もうそういう時代は終わってます。

……というのは、もちろんこれは私の心の声である。こんなことを口に出すわけはない。代わりに私は言った。

「5000円前後ですか……わかりました。じゃあ、ちょっともう1回、見積もり出し直してみます。確かに外資系など、保険料がウチよりお安いものはあります。でも保険って内容ですよね、保険料だけでは一概に比較できるものでもない。今、お入りいただいている保険の保障内容は、とてもいいものだと思います」

とはいえ、さすがに栗原さんの年齢を考えると5000円以下は無理なので最終的には解約になるのかなと思いつつ、そこを後にする。

「お願いですから来ないで下さい」

さて見込みが少なくなっていくたびに、今、相対しているお客様で何とか取れないかということで、先日、断られたばかりのお客さんのところに、金額や内容を少し変えて再訪する。

ある風の強い日のこと、いつもにこやかに、しかしハッキリと断っていたそのおばさんだが、その時は顔を歪め、哀願するような調子でこういった。

「モーお願いですから、モーお願いですから来ないで下さい！」

そう言ってドアをぴしゃりと閉めた。お願いですから来ないで下さいとは……これはモー本当にショック。

あーあ、嫌われているのね、保険屋って。こういうシチュエーションでもメゲないで突き進む生保レディもいるようだが、私はメゲる。単に「来ないで下さい」ならともかくだが、「お願いだから」が入るのである。しかも、この「お願い」が入る「来ないで下さい」が、なんと1週間に3件あった。

このころ、トレーナーが元村トレーナーから鈴木トレーナーに変わった。

鈴木トレーナーは、私の顧客リストに隅から隅まで目を通しながら、ともかく見積もりを作り、断られた家でも何でも、電撃アポなし訪問攻撃に出たが、電話してもいつも留守の家が電撃訪問をすれば出てくるというものでもないし、断られた家は、何度も訪問するうちに怒り出す人もいて、なかなか成果につながらない。

トレーナーがこういう作戦に出るのは、彼女が現場で頑張っていたころは、これで一定の成果が出ていたからだが、そもそも今時分は、平日の昼など留守ばかり（在宅しているのは年配者ばかり）だし、若い人たちは、突撃訪問した＝わざわざ来てくれた、とは解釈しないので、そぐわない気がして仕方がない。

先輩から励ましの言葉をいただく

ジュンコさんは10年選手。仕事が出来るだけでなく、相手への気配りも忘れない優しい女性だった。優しさもベタベタした感じではなく、おせっかいでもなく、さりげない。こういう人になれたらいいな。目標にできる女性だ。

ジュンコさんの正確な手取り平均月収は知らないし、もちろん私たちよりはもらっているが、給与明細を見て、ため息をついているのも知っている。

このクラスの方が羽振りがいいと、下々も希望が持てるのであるが。

あるとき彼女が、契約は取れないわ見込みはないわな私——正確に言うと、ここにいても給与が上がるとも思えないし、やる気出ないんですよねと本音をもらした私に、こんな励ましの言葉をかけてくれた。

「評価というのは他人がするもので、自分がするものじゃないわ。給与というのは会社が私たちに与えた評価。それが今の自分なの。だからもっと評価してもらえるようになればいいのよ」

ふむ。確かに、評価は他人がするものだけれど、その評価が適切か公平かという問題は常につきまとう。ここを無視して、評価も何もあったものではない。

ある別の先輩（60歳を過ぎた大御所）——こちらもステキな人だった——は、いみじくもこのように言って、みんなを慰めていた。

「みんな給料明細見て文句を言っているけれど、給料っていうのは結果なのよ。これが自分の実力の結果。だから文句を言う暇があったら、もっと実力をつければいいの」

ウーン……。なんでそんなに何もかも自己責任で考えるんだろう。慰めて励ましてくれているのは分かるけど、すいません、逆にモチベーション下がりました。

自助の日

ところで、こうした自己責任論自体は、今や珍しいものではない。テレビ新聞、インターネット、友人知人との何気ない世間話……日常のあらゆるところで自己責任論が蔓延している。

自己責任論ではないが、生保業界では「自助努力」という言葉がしばしば使われた。

自助——辞書によれば、自分の力で事を成し遂げることをいうが、生保の業界でいう自助は、将来や不測の事態に備えて自分の力で備えることを指す。これはX社だけではなく、現在、生保でよく使われている言葉のようだ。実際、日本生命保険協会は、毎年5月28日を「自助の日」と定めている。「自助」はこれからの生保を語る上で重要なキーワードだ。

生命保険協会ホームページは、「自助の日」についてこう説明している。

「人生100年時代に豊かな人生を送るために自らのライフプランを描き、自らの将来に備えていく〝自助〟について考える日です」

これ自体は一見、当たり障りがない。しかし行間の意味を掘り起こしていくと、違う意味が見えてくるはずだ。人生100年時代とは、つまり2人の成人が3人の老人を養うともいわれる超高齢社会のこと。そんな時代に豊かな老後を送るためにどうしたらいいか、自助について考えましょうとはつまり、公助には期待できないのだから自分で備えましょう、ということだ。

それはそうだろうが、いかに超高齢社会といえど、簡単に公助を切り崩されてはたまらないのも事実。自助を考えるのと同じくらい、どうしたら公助も守れるか、公助をある程度の水準で保ち続けるにはどうしたらいいか、そちらもぜひ考えていただきたいし、切り崩すべきところは何も社会保障だけではないはずだ。なぜ社会保障ばかりがやり玉にあがるのだ?

だが、今の日本においては、ともかく公助をザックザックと切り崩しながら、その穴埋めに自助が推進されていくような、そんな状況ではないだろうか。そして保険会社内部にいると、公助の切り崩しを商機とでもとらえているような、そんな雰囲気を感じることがたびたびあった（私がそう感じただけで「商機です！」とハッキリ会社が述べたわけではない。ただ「自助の日」のコメントを見ても、暗にそういうことではないだろうか？）。

「医療費が財政を圧迫しているから縮小していかなくてはならない、これからは自分で備えていかなくてはならない」というのも全体集会などでよく語られた。公的医療保険のない国といえばアメリカだが、上の人たちは、なんだか保険業界の利益のために、我が国をアメリカみたいにしたいように聞こえてならなかった。

公助が切り崩されたところで、自助は公助の代わりにならない。民間だから利益を出していかなくてはならないのだから。単に保険や年金が一部のお金持ちのためだけのものになっていくだけだ。生保業界の上の人たちは、そうなっても困らない〝勝ち組〟の人たちだろうが、私など、あおりを真っ先に食らう側の人間だから、公助の破壊と自助の推進なんかされたら困る。

セールストークはいくらでもあるから、超高齢社会だの、増大する医療費などを持ち出して自助の必要性を説き、自社商品の必要性をアピールするというセールストークを私はしなかったが、会社の方向性はそういうことなので、やる気が出なかった。仕事に身が入らなかった理由のひとつが、それだった。

オフィスで堂々と〝オルグ〟活動

年の瀬のある日の夕礼のことだった。

組合の委員をしている桜田さんが別の委員の稲葉さんと、「オルグをしなくちゃいけないから……」などと話している。「オルグどうします？」「じゃあ一緒にやりましょうよ」みたいな具合。

オルグ？

オルグとは、英語の字義としては「組織化する」だが、これはれっきとした労働組合用語で、「組織化する」「（組合に）勧誘して仲間に引き入れる、賛同者を増やす」「（ストや交渉などで）一緒に行動してくれる仲間を増やす」ことをいう。だからオルグ活動といった場合、組合を作ること、そのために仲間に働きかけること、ストや交渉などに参加するよう説得して仲間に引き入れることを指す。

で、「会社の言うとおりにやっていさえすればいい」という、いつも会社に絶対服従の桜田さんと、これまた成績が良くて部長から覚えめでたい稲葉さんが、一体何をどうオルグするのか？　そもそもウチの会社では、セールスレディは皆、組合員なので（支社の組合と、会社全体の組合と2つに強制加入。会費も毎月この2つの組織に払っている）、オルグの必要はない。

まさかこの2人が新しい組合を作るつもりなのか。

狐に化かされてでもいるような気持でいると、2人は「じゃ、オルグしますので」と部長に了解をとり、「すみませーん、組合のオルグやりますので、席に着いてください」みたいな掛け声。もう私はびっくりして、い、いったい何をオルグ活動するの？　と目を丸くしたら〝オルグ活動〟が始まった。

「じゃ、オルグします。皆さん、気が付いたこととか、ご意見あれば言ってください」

そうすると、チラホラ手が挙がり……その後の展開を見て分かったが、つまり〝オルグ〟とは、会社への要望を言う場らしい。その要望も、給与や就業ルールなどに関する組合っぽいものではなく、書類提出に関するルールをこう変えて欲しいとか、パソコン画面上において、たとえばどこそこの画面に簡単にアクセスできるように工夫してほしいとか、それって組合に言うことじゃなくて、単に会社の総務部だかに言うべき案件でしょうというものばかり。

まあ中には、仕事で持たされているパソコンがあまりに重いのでなんとかしてもらえないかという、組合っぽいものもあるにはあったが、おおむね、単に業務上のやりとりや慣例に関するもの。

休日出勤が代休振替のみで、しかもその消化が翌週のみで、翌週を過ぎると消滅するというのはおかしいくらいの、その程度のものすら出てこなかった。

「他にご要望ありませんか？」と桜田さんたちが声を上げ、あたりを見回す。

単に総務部だか、あるいはファシリティ部だか、○○マネジメント部なのか知らないが、会社のしかるべき部署がするべき仕事を〝組合活動〟とさせるのも腹立たしいが、それをもって〝オルグ〟とは……。

こうなると一目瞭然、この会社でもっともして欲しくないことのひとつが、本来の〝オルグ活動〟なのだろう。既存の組合では働いている人の権利が守られないとして、レディたちが有志を募って、つまり〝オルグ〟して、新しく組合を作ったりされるのが最もいやなのだ。

労使とは常に対立するものだ。だから会社が、そういう活動はされたくないというのは理解する。だからといって、言葉の意味そのものを歪めなくてもいいだろう。しかも会社ではない、今ここでオルグを歪めているのは組合である。組合が組合用語を否定しているのである。否、単に言葉の否定ではない、組合活動そのもの、ひいては組合史の否定ではないだろうか。

〝オルグ活動〟が終わったらしい。その後、「本日の組合活動に関するアンケート」が配られた。腹が立っていた私は、しっかり書いた。

「オルグとは、字義通りには『組織化する』の意味があり、勧誘する、仲間に引き入れるの意味で、れっきとした組合用語です。それを、皆から会社への要望を聞く程度のことに意味をすり替えて使っているのでびっくりしました。どうしてこういうことをするんだろう」

ここにいる人たちは皆、オルグとは、皆の意見や要望を聞くことだと勘違いして残りの人生を過ごすわけだ。否、これはX社だけではない、こういうことは日本の各地でじわじわと行われていて、今や、本来の労働組合の活動が消滅しているのだろうか。

変質や偏向というのは、いつも小さな、些細なことから始まっていく。じわじわと徐々に価値観が否定され、違う価値観が植え付けられていく。

嬉々としてオルグ活動を行っている桜田さんたちを見ながら、ため息が出た。組合が組合用語を否定し、組合史を歪曲している場面に、今、私は遭遇しているのだ。

「それでは組合に伝えますので」と言って、桜田さんたちが席に戻った。

〝オルグ〟の顛末

組合のアンケートに私はもうひとつ、感想と要望を書いた。採用に関することだった。会社で保育をしなくてはいけなくなったことについて、採用は会社のために行うものなのに、すべて個人の責任になっていることはおかしいと、かなりハッキリ、きつい調子で書いた。

次の日のことだった。朝礼で部長が昨日のオルグ活動について言及した。

「みんなが考えていること分かったわ」

部長は切り出した。

「でもね、それぞれ色々、違うなってこともあるとは思うけれど、会社がこうだっていうことには従ってもらいたいの」

何かちょっと違う展開だ。その後の話も私から言わせると「いつもと違う」のだった。なんとなく不安になった。そういえば、朝、部長に話しかけたときの私への表情を見て、何かおかしいと思ったのだ。もしや……。

同僚にこっそりと聞いてみた。

「ねえねえ、あの組合のアンケートって、ひょっとして部長も読むの？」

「そりゃ読むよ。だって部長が組合書記長だもん」

「えええ、そうなの⁉」

まったく寝耳に水な展開だ。部長が書記長？　知らなかった。急いで私は机の引き出しを開け、奥の方でぐちゃぐちゃになっていたパンフ、つまり以前、組合から配られたパンフを取り出してよく見たら、そのとおりだった。

会社の通達と役所から送られてくる封書の類は必ず目を通すべきという、痛い教訓である。

××支社の組合は、ウチの部長が書記長で、各支社のそれぞれのオフィス長たちが執行委員に名を連ねていた。

こ、こんな組合アリか。社内の上下関係がそのまま組合になっているだなんて。どうりで桜田さんと稲葉さんが組合の委員なんだ。だって部長のお気に入りだし……などと妙なことに感心しつつ、なるほど、私たちの処遇が改善しないわけだと思ってみたりする。

確かに、部長とて労働者だから、組合に入る権利はある。ただそういう場合は通常、管理職組合になるのでは?

だってウチの部長は、休日出勤に対しても、「アポに行くなら代休とってもいいけど、単に日曜日に飛び込み営業するためだったら代休不可」とか言う人なのだ。それでなくても「感謝、感謝」とか、「会社にお世話になっているのに」とかいう言葉が口をついて出てくる人である。使用者側の代表としてなら大いに適任だと思うが、労働組合には向いていないでしょ。

しかし部長が書記長だったということを知り、私はつくづく感心したのだった。40人から成るオフォスをひとりで束ねていて、それだけでも相当大変なのに、組合の書記長までやらされているなんて。本当に大変だと思う。

そういえば以前、部長から聞いた話だけれど、解約の引き戻し金等が返金されないままレディが辞めたりしたケースなど、部長たちが、残金を自宅まで取りに行くのだそうだ。

そんな仕事までさせられると聞いて、「この方も大変なんだなあ」と思った記憶があるが、組合の書記長までしているとは知らなかった。

これだけ業務外のこともさせられていることを思えば、「誰のおかげなの」「感謝しなさいよ」と日々連発されるのもわかるような気がする。彼女は日々のノルマ達成、オフィス管理のみならず皆の処遇改善までやってくれているんだからね。

さて、そのあと部長は、昨日の組合と会社との交渉報告をした。

「みんなもわかると思うけど……アベノミクスで今、景気は伸びているんだけど、その成果が下に降りてきていない。売上げも伸びていないし、会社も今、大変なの、みんなもわかるでしょ」

アベノミクスで景気が拡大しているというのも、明石順平の『アベノミクスによろしく』（集英社インターナショナル、2017年）などによれば、数字や統計のマジックだったりするわけだが、アベノミクスによる景気拡大という、一応世間的にはそうなっているという前提を述べつつ、成果が下に降りてきていないということにちゃんと触れるのは、X社のマネージャークラスの語る経済論からすると、かなり良心的である。

政府のゼロ金利政策のあおりで、貯蓄型の保険商品が軒並み販売停止になり、今、主力とされる商品も、掛け捨て保険とリターンの良くない養老保険と、これまた利率のとても低い個人年金くらいしかなくなってしまった現在、会社の売上げも激減しているであろうことは、誰の目にも明らかであった。

「それで来年度から会社の体制も大きく変わることになるから」

そう言って、内勤が減らされて営業補助に回ることや、手数料も、保全に関するものが変更になることを告げた。それは、給与が下げられる傾向に向かうことを示唆していた。そして、

「会社を圧迫しているのは、やはり退職金……そことのせめぎあいでね、でも、会社にはまだ全員に退職金を払う力はあるから大丈夫よ」

と付け加えた。このあいだまでは、（もちろんこれは全員ではなく、ある一定の年数と資格

保持者以上であるが）「退職金だって2000万円出るのよ！　こんないい会社はない」って豪語していただけに、随分、弱気になっちゃったんだなぁ（なお、ウチのオフォスはほぼ3分の1が2年以下の新人、4分の3以上が8年未満である。新人には幾らも支払われないので、ここにいる全員に払われるといっても、大したことではないと思われる）。

「でもね、いい部分もあるのよ。みんなパソコン貸与されているでしょ。あれに毎月3800円も払っているの、あれおかしいでしょ」

おかしいでしょ、と言われて私は頷いた。部長が繰り返した。

「おかしいでしょ。今、頷いたのは時田さんだけだけど。みんなおかしいって思わない？」

思わないのか何なのか、誰も何のリアクションもなかったようで部長は続けた。

「だってこのパソコンないと仕事にならないじゃない。タイムカードもこの中にあって出勤簿でもあるんだから、パソコンないと仕事にならないでしょ。それに個人が払うなんておかしいじゃない。これは備品なんだから会社が持つべきものでしょう。それで次年度からパソコン貸与料はゼロにさせました。今みんな3800円だか払っているから、年に換算すると5万円近くが浮くことになるの。これは大きいでしょう。私たちも頑張ったけど、ここが限界。これ以上の交渉できなかったわ」

部長の口からこんな発言を聞いたのは意外だった。備品なんだから個人の負担になるのはおかしい……そうか、部長は本当はそう思っていたのか。なんだか嬉しくなってしまった。彼女はいつも単に組織人として振る舞っている、ただそれだけのことなのかもしれない。

それはともかく、会社の経営を圧迫しているとされる退職金だが、部長クラスになると、前例からすればかなりの額の退職金がもらえるはずである。部長がいくら、みんなのために処遇改善に頑張ってくれているとしても、もらうはずの退職金を減額してまで、ヒラ社員たちに有利に交渉しようとは思わないだろう。普通はそうだ。

「何の資格もなければキャリアもない、それほど若くもない女性が、子どもを抱えた状態であっても働けて、頑張って頑張ってともかく契約をあげ、ロボットのように、疑問も持たず、会社のいうとおりに動いて契約をあげ続ければ、給与は上がり、そのまま何十年も頑張れば、さらなるご褒美として膨大な、それこそ大卒男子も顔負けの退職金を得られる（ハズ）」

という、会社が掲げる絵にかいた餅を励みに、部長たちは歯を食いしばって頑張ってきたのだ。あともう少しで莫大な額を手に出来る人たちが、退職金の減額か手数料の減額かをちらつかせる会社との間で、どの程度の折衝が出来るかは疑わしい。

仮に部長がどんなにいい人であったとしても、そこまでやらせるのは酷である。

第8章

辞めるか、頑張るか

「2019年は変化の年です!」

年が明けた。2019年になった。

全体の集まりで言われた新年の挨拶はこんな感じ。

「今年は色々なことが変わりますね。みんなも知っていると思うけれど、会社の体制も大きく変わる。会社だけじゃない、世の中も大きく変わります。まず元号が変わる、そして消費税も変わる。変化の年です。うちの支社も体制がかなり変わります。今春4月より、××支社は〝次世代型オフィス〟として……」

話を聞くに、次世代型オフィスとは、保険事務ほかサポート業務の人たちが減るオフィスのことらしい。要は人員削減。それまで専任だったたいくつかの役職が兼任になって、いくつかのオフィスを掛け持ちで担当したりするのだそうだ。いわば人員削減の実験的オフィスということらしいが、それでは聞こえが悪いから「次世代型オフィス」としたのであろう。なるほど。

未来はユートピアだけじゃない、ディストピアもありますしね。

なおこの方は、その後も、会社の体制が変わることに言及するときは、「２０１９年は変化の年。社会全体も大きく変わる。まず元号が変わる、消費税も変わります」と必ず口上がついた。

元号は確かに変わるが。消費税に関していえば、２０１８年10月に増税の閣議決定はなされたが、野党は反対であり、また撤回を求める声も多く、少なくとも２０１９年１月時点で、政権与党内ですら一枚岩とは言い難かった（実際、２０１９年４月には、自民党の萩生田光一幹事長代行（当時）が、６月の日銀の短期経済観測調査（短観）などを考慮した上で、場合によっては見送りもあり得ると述べ話題になったのも記憶に新しい）。

２０１９年度の選挙の結果によっては、撤回される可能性もないとはいえず、この段階で「変わります」「導入されます」などと断言するのは、撤回される可能性もあり、また撤回も出来るものを、わざわざ撤回は不可能との刷り込みを与えられているみたいだ。

増税したいのだろうか、この方は。

なお２０１９年11月１日、共産党の大門実紀史参議院議員が国会内集会で語ったところによれば、「（自民党の元首相補佐官を務めた人物から聞いた話として）景気悪化が非常に懸念されるため、今回の増税には安倍首相もさすがに中止・延期を視野に入れていたが、経団連から強いプレッシャーがかかり、やむなく増税に踏み切った」という。

なるほど。経団連の強いプレッシャーか……。国内大手生保は経団連の主要メンバーだし。もっとも、オフィスの同僚と、たまに消費増税の話題に及んでも、「日本は高齢化社会に突入するので、増税はやむをえない」くらいの返答しかなく、しかし増税は逆効果であるなど、別の考えや意見があることに触れても、興味ないか、会社がそう言ってるからそうなのだろうというような人がほとんどだった。だからこれでいいのだろう。

あるフィナンシャルプランナーさんの話

時々、オフィスに来て、金融関連の話をしてくれる税理士事務所のフィナンシャルプランナー山中さん（元X社社員）は、金融や税金に関する知識が豊富で、保険と税金の話などを素人さんにもよくわかるように話してくださる。私も彼のことは好きだった。

その山中FPが、朝礼終了後、保険と税金に関する講話をしたとき、こんなふうに切り出してきたので、おったまげてしまった。

「今、日本の借金ってどれだけあるか知っていますか？　1000兆円もあるんですよ。このままだと当然破たんしますよ。これは私が勝手に言ってるんじゃなくて政府が言っているんです。政府が発表している数字。もう一度言いますよ、私が言っているんじゃないんだ。国が発表している数字。今、日本は大変なんですよ。私はいつも思うんだけどね、国会であいうバカげた話をしている場合じゃないんだ」

国の借金がどれそれだから、このままだと破たんする――まあ、ありがちな理論である。これは増税やむなし、あるいは教育費の削減、福祉などへの削減、大企業優遇への理論づけとしてよく用いられる理論であり、テレビのワイドショーなどは、おおむねこういう論調で話をして上記のような世論に誘導するので、これ自体は珍しくはない。

ただ、そんなワイドショーのネタみたいな話が、インテリというのか知識人というのか、税制のプロで、経済に詳しいと皆からリスペクトされていたフィナンシャルプランナーさんの口から出たことで、私は度肝を抜かれた。

もとより、この財務省の、国の債務とそれを人口で均等割りした1人当たりの借金額の発表は、もう何十年も前から数か月ごとに行われている、いわば財務省の〝お家芸〟。

そもそも国家の財政や経済は、そんなに短絡的に語れるものではない。また問題なのは不良債権であって、負債そのものの数字ではない。

また日本の借金は、すべて国民からの借り入れであり、外国からの借金ではないので、破たんを懸念する必要はない、国内の借金で破たんした国家はない。そういう見方をする経済学者も多い。

まあ、要は私の考えや認識とまったく違うという、ただそれだけのこと。私個人からすればやりすごせばいいだけのことではあるが……。

私は周りを見渡す。40人ほどのオフィスの聴衆、つまり生保レディたちは、まっすぐに彼の方を向いて、彼の話を聞いていた。後ろしか見えないからわからないけど、多分、真直ぐな瞳で聞いているんだろうな。中には彼が文節を区切るたびに、ウンウンと頷く人たちもいた。

山中FPは話がうまく、説得力がありわかりやすいので、彼が話し出すと、おのずと皆、身を乗り出すようなところがある。彼は法人など知識を要する案件にも気軽に同行してくれ、的確なアドバイスをしてくれるので皆から信頼厚かった。その人が言うんだから、特にこの件に関して何も知らなければ、あるいは考えたこともなければ、そのまま受け入れるかもしれない。鵜呑みにするのかもしれない。

しかし、「これは私が勝手に言ってるんじゃなくて、政府が言っているんです」って、ちょっと稚拙ではないか。彼ほどの人が、政府がしばしば嘘をついてきたことを知らないとでも？別に80年前の戦争に遡らずとも、国が嘘をついていたことの証拠なんかいくらでもある。ついぞ先日も、毎月の勤労雇用統計を偽装していたことが話題になったばかりじゃないか。

トドメは「私はいつも思うんだが、国会でバカげた話をしている場合じゃない」。

バカげた話って？　FTAのこと？　それとも水道民営化のことだろうか。あるいは卒業と同時に背負わされる奨学金返済のことか。種子法のことか。公文書改竄や、統計改竄のこと？国家が借金で破たんしかけているならなおのこと、税金の在り方と使いみち、借金から立ち直るための施策を論じるのは当然だと私は思うが。

今度ばかりは私も自分の席から疑義を――と声を上げたかったが、出来なかった。理由は、山中FPには私もお世話になっていたから。疑義の挟み方にもよるが、彼が気を悪くするのは必至、彼の感情を害することで生じるその後の弊害を思うとためらわれる。

さらに最も大事なことだが、山中氏は外部の方で、部長が頼んで来てもらっている人だ。そういう人に、こういう公の席で疑義を唱えるというのは、やはり無理である。

ところで、この方のご専門のひとつは節税対策なのである。

そんなに日本がお金がなくて破たん寸前だというなら、節税なんて言ってないでちゃんと払った方がいい。

追記。これは退職後知ったのだが、当の財務省が、破たんなどしないということを実はきちんと説明していた。財務省ホームページにしっかり書いていた。

これによると、2002年4月、日本国債にリスクがあると主張した外国の格付け会社に対し、財務省は、それらの主張は「根拠がない」とし、「日・米など先進国の自国通貨建て国債のデフォルトは考えられない」「格付けは財政状態のみならず、広い経済全体の文脈、特に経済のファンダメンタルズを考慮し、総合的に判断されるべきである」と説明している。

ハイ、国の言うことだから安心。

国のしていることだから安心？

この「国がしていることだから安心」というメッセージは、会社でよく聞いたフレーズだった。

たとえば外貨建ての生命保険。これは積立金を外貨で運用する生命保険のことで、日本はゼロ金利政策で、銀行に預けていてもお金は増えないので、金利の良い外国の銀行に預けるのだ。一般には米ドルか豪ドルが多い（アメリカやオーストラリアでは、近年おおむね2～5％の金利で運用されてきている）。その金利分と為替差益がそのまま契約者の利益になるというものだ。

金利のみならず、為替差益によっても資産を増やすことができるが、円高になった場合など、元本割れを起こすこともある。

マイナスになることもあるし、取扱会社の手数料も考えた投資計画をしなくてはいけないので、外貨建て商品はごく最近まで、素人が手を出す類のものでもなかった。

それがゼロ金利政策で、一般の人に広がった。

それでもたいていの人は、最初は、外貨建て生命保険には拒否反応を示す。そういうときの推奨セールストークのひとつが、会社配布のＧＰＩＦの年金運用チラシのグラフを示しながら、

「今、年金基金も4割以上が外貨建てで運用されています。だから安心です」とお話しするというもの。

これはX社に限らない。外貨建ての商品を販売している会社は、外貨建てがもはや特殊なものではなく、身近なものであることをわかってもらうために、年金基金が4割も外貨運用されていることを引き合いに出すことが多いようだ。

ただ、「年金基金も今や4割以上が外貨なんです、決して特殊なものではありません」と述べるのと、「年金基金も4割が外貨です、国のしていることだから安心です」と述べるのとでは微妙に意味は違う（X社は後者の論調で話す人が多かった）。

GPIFは運用で損失も出していて、特に近年にその傾向が強く、トータルでは増益のようだが、運用先や運用状況の詳細は明らかになっていないから実態はわからない。本当はもっと増益していないとおかしいとする識者も多い。国がやっているから安心かどうかは疑問。

なお、GPIFは国内株式にも相当量投入されていて、今や、日本を代表する大手企業の筆頭株主がGPIFという事態に陥っているのも周知の事実。年金基金が株価を支えているといっても過言でなく、それがアベノミクスの成果を支えているという見方をする識者は多い。

年金基金が株価を支えているというのは、年金のそもそも論からすれば到底看過できぬことだと私は思う。しかし同僚相手にそういう矛盾を指摘しても、

「日本はこれから高齢社会に突入していき、年金が足りないから仕方がない」

「年金が増えるようにしなくてはならないから仕方がない」

くらいの答えしか返ってこない。

では仕方がないとして、だったらなおのこと、その運用が適切か、利益が上がっているのか、見直したり検証していくことだって必要だと思うが。あまりそういうことには関心がない模様。

皆様、お上のしていることだから安心で、お上の言うことを聞いていればいいという、とてもわかりやすいスタンスだった。

なお、X社の金融商品に関していえば、大企業ならではの信用があるのはそうだと思う。金融商品だし、ましてや外貨だからリスクもあるし、手数料もかかる。

温情をいただく

X社の場合、2年以内の新人とそうでない人の最も大きな違いは、新人を過ぎると基準換算値が変わる（具体例は避けるが、要は新人のときより基準が厳しくなる）ことと、新人は未契約が続いても退職勧告にはならないが、新人期間を過ぎて未契約が2か月以上続くと雇用契約が解約となり、外部委嘱に移行すること。

では新人期間であれば、とりあえず未契約が続いても堪忍してもらえるかというとそういうわけでもなく、数字を上げなくてはならない。私は最低賃金に甘んじるのでいいから、顧客開拓などに当てたいと思ったが、それはダメで、ともかく契約を挙げないといけないらしい。

というわけで、困っていたある日のこと、鈴木トレーナーからお呼びが。トレーナーは私に、見積もりと住所のメモを渡し、小声で言った。

「部長から」

つまり私は部長から温情をいただいたのだった。こうやって温情をかけてもらうかぎりには、一念発起して頑張らないと。

実際、気の合う同僚とペアを組んで、飛び込み営業をまた新たに始めたら、意外にいい結果が出始めた。まだ契約には至っていないものの、この調子だったらイケるのではないかという手ごたえは確かにあった。ただ問題は、結果は常に毎月出していかないといけないことだ。「今月はダメだからゼロでしょうがない」と本人が言ってんだからいいでしょ、というわけにはいかない。

なんでそれでダメなのかよくわからないが、まあ日本全国、そういうものなんだろう。

トレーナーと口喧嘩

ところで、私たちは税制上の扱いは個人事業主であるが、オフィスで個人事業主であることを強調されることはほとんどなかった。

それはそうだろう。だって完全に実質労働者だし。入社時だって正社員だと説明されたし。裁判でも生保レディは実質労働者とする判例が出ているから、ここで争っても会社は不利だから、上の人たちも個人事業主という言葉はあまり使わなかった。

ただ鈴木トレーナーは別で、時折、彼女の口から個人事業主という言葉が出てくる。

「個人事業主なんだから、どうしたら見込みが出来るか考えなさい」

正直、これにはカチンときた。単に都合のいい労働者として使われているだけに過ぎず、私に言わせれば、経費を個人にもたせるためと、解雇をしやすくするために個人事業主にさせられているに過ぎない。普段は、会社の言うことを聞いてさえいればいいという教育をするくせに、自分たちの考えの及ばぬところだけ、自分のアタマで考えろとは。

見込みを作るところだけ自分のアタマで考え、あとはロボットのように会社の言うことを聞き、猪突猛進してくださいですか。誰がそんな都合のいい人材になるだろうか。

自分のアタマで思考する人間は、この会社には向かないと思います。

そんなある日の夕方、その日の報告をしている私にトレーナーが言った。

「採用、誰かいない？」

「いないです」

「いないじゃないわよ、採用やりなさいよ」

当時は、いわゆる街頭などでのキャッチが禁じられていたから、やりなさいというのは自分の人脈から連れてきなさいということだ。キャッチしてこいというならまだ話は分かるし、そのようにしただろうが、あなたの友人知人かお客さんから連れてきなさいと言われても……。

そもそも、なんでそんな義務あんの？

いやですと再度断ると、彼女はむっとした表情で言った。

「連れてきなさいよ、もらったんでしょ部長に」

は？

「世話になってんでしょ、会社に」

出た。またこれか。

採用はしたくないです。別にこの会社を、あまりいい会社だとも思ってないし。あと私のポリシーに反することも多いので。

たとえば、新人研修の人権研修。あれが今時の企業研修のスタンダードなんでしょうか？でもあの人権研修は私はおかしいと思います。また何でも感謝、感謝で動機づけようとしますが、それも合点がいきません。そういう組織に、誰かを招待したくありません。

そもそもなぜ採用が義務なんでしょうか。採用が義務なんてそんな雇用契約をした覚えはないです。私は先ほど、この会社をあまりいい会社だと思っていないと言いましたが、もちろん、心の中でそう思っているだけで、そのことを口にしているわけでも、会社に反抗しているわけでもありません。現在、結果が出せていませんが、職務はしておりますし、会社のルールや指示にも従っています。つまり雇われている義務は果たしているわけで、それ以上の義務なんてないはずです。

この会社はそうやって個人の意向なんか平気で無視するじゃないですか。いつも「会社がやれって言う、だからやれ」。そこがいやなんです。

それに採用というのは、その方の人生にかかわることです。会社の利益とか都合とか体面のために、たやすく採用採用って言わないでください。（以上、心の声。）

「採用はやりません」

トレーナーは顔を膨らませ、顎を上にあげて私を見た。

この物静かでおとなしい女性は、怒ってもあまり怖くならない。普段から全然怖くない。ご本人もそんな自身のキャラクターを十分知ってのことであろう、今度ばかりは私に威圧的に見せる必要を感じたのか、挑むように私に言った。

「しないじゃないわよ、やんなさいよ！」

この言い方はカチンときた。その前に、やらないと語るその理由を聞かないのだろうか？

今思えば、なぜやりたくないのか聞かれるのを待っていないで、私もちゃんと言えばいいのだと思う。何をそんな順番を気にしているのか、茶道じゃあるまいし。組織の中で個を守ってやり過ごしていくという意味で、私のコミュニケーション力もまた及第とはいえまい。

再度、首を横に振る私に、彼女は言った。

「見込みは？　どーすんのよ」

「飛び込みでいい成果が出始めています。来月以降になってしまうと思いますが、仕方ありません、今は醸成期間です」

「じゃ、今月は？」

知るか。最低賃金でいいって本人が言ってんだから、カンケイないだろう。

「どうしたら見込みができるか考えなさいよ。自営業なんだから」

出ました、自営業！　自営業がなんで早退すんのに許可いるわけ？　なんで毎朝定時に来ないといけないわけ？　そもそも自営業なのになんで指図されるわけ？　自営業だっていうなら、全体集会に出る義務ないよね？　何が自営業だ、どの口が言うか。

私も彼女を見据えた。女の顔をタヌキかキツネかのふたつに分けるとしたら、鈴木トレーナーは紛れもなくタヌキであるが、むっとして頬を膨らませたその顔は、まぎれもなく大タヌキのようだった。

ちなみに私もトレーナーに負けず劣らずのタヌキ顔だから、はたから見たら、2匹のタヌキがにらみあっているような感じだったんだろうか。

もうすぐ60歳には見えない愛くるしい童顔の彼女が、タヌキのように顔を膨らませているのにはワケがある。チームの成績が伸びないので部長から時々怒られているらしい。

「契約とれてないんだったら、採用やらせなさいよ」

「○○さんはどうしたの？　ちょっと、トレーナー、ちゃんと見てあげているの？」

「こんな数字じゃ、今度の会議、出れないじゃないの、わかるでしょ」

みたいな感じで。

なおオフィスは、成績が一定値を下回ったり、何らかの問題があると判断された場合、オフィスが廃止になることがある。実際、○○オフィスは、××オフィス長がつぶしたと聞くし。サイアクの場合、そういうこともあるので、上長たちも緊張感をもって臨んでいるのは事実。部長も時々、「みんなオフィスがなくなったら困るでしょう」と叱咤しているし。彼女たちは彼女たちで、数字数字とうるさく上から言われ、時に矛盾に満ちた要求をされたりしているらしい。そしてそれらについての回答は、多分ただひとつ、「会社がやれって言うんだからやる」。

さて、自営業と言われてアタマに血が上った私だが、もちろん、

「そこまで言うならいいです、自営業らしくしたいと思います、今後一切指示いただかなくて結構です、もちろん、いつもの帰社報告もやりません。自営業なんでしょ、なんでアンタに報告しないといけないわけ？」

などという捨て台詞は吐かなかった。そういう捨て台詞はいつでも言えるので今言わなくてもいいし、そこまで揉めて決別したいとは思っていないから。ただ「会社がやれって言うんだからやれ」というロジックの説教は、聞けば聞くだけイライラするので、

「ともかく……採用はしません。見込みは、今、作っているところです。では見積もり作ら

ないといけないので、これで」

とだけ言ってその場を立つ。

腹が立ったというほどもでなく、あー、マジで早く辞めたいわと思っただけだが、その日の雑務をやっていたら、10分くらいたってからだろうか、鈴木トレーナーが私のところにやってきた。

「時田さん、○○さんの見積もりの件だけど……作ってくれた？」

そう言って私の顔を覗き込んだ。いつも通りの穏やかで優しい口調だった。つまり彼女は私に折れてきたのだった。私は少々面食らった。

その瞬間、昔、母親と喧嘩して、その後30分とせずして、母親が声をかけにきたことを思い出す。どんな喧嘩をしても先に折れてくるのは母親の方だった。彼女の肩越しに顔も知らぬ彼女の息子さんが見え、その向こうに自分の母親が見えた。

というわけで、「そんなに自営業自営業というなら自営業らしく、もう報告の義務もないはず。その他、指図しないでください」なんて、ケツまくる予定だったが、無理となりました。

辞めた同僚と会う

すでに退社していた同期の女性と久しぶりに会う。

「辞める日付、気を付けた方がいいよ、私2万円くらい払った」

これはどういうことか。一般的には、たとえば4月21日から5月20日までの働いた分が5月25日に支給されたり、あるいは4月1日から4月30日までの分が5月5日に支給されるような感じで、働いた分が数日のブランクを経て支給されるが、X社の場合、4月だったら、4月1日から4月30日まで働いたとみなして、その分を4月25日に支給し（つまり一部が前払いになる）、4月1日から30日までの有給や欠勤等は、5月1日から5月31日までの働いた分の中から相殺されていく、という仕組み。

だから4月25日で辞めると、4月25日から末日までの5日分の日給分を戻さないといけない。4月30日に辞めると、5日分はタダ働きになるが戻す金額はないので、末日がいい……。と思いきや、末日まで在籍していると翌月の社会保険の費用が発生するそうなので、末日1日手前で辞めるのがいいらしい。つまりどう辞めても、何らかの支払い・戻しが発生する仕組み。

戻しが生じるにしても、その月の歩合給があるはずだから、戻し金が相殺されるケースもあるのではと思うが、辞めた月の歩合給は発生しない決まりだそうである（はぁ。なんで?・）。だから契約取ったら取り損。取らないように気を付けないといけない。

しかも社会保険料は、末日1日手前で辞めればいいというものでもないのだ。というのは、思い返せば入社時、最初の1か月目は社会保険がつかないので16万円といわれ、てっきりそのつもりでいたが、実は違うのだった。

保険証をもらったのは入社2か月目だが、加入年月日は入社月だった。要はちゃんと入社月から社会保険料加入していて、ただ支払いは、その月ではなくて常に前月の分を払っていたことになっていたのだった。だから辞めるときは必然的に、その辞める月の分を、辞めた後に払わなくてはならない（退社時に相殺する形になる）。

なんとも面倒臭い。この面倒臭いシステムによって会社がどの程度有利なのかは知らないが、辞める人からすると、「カネ払わないと辞めれない」みたいな気分になる（あくまで気分になるだけ。本当に、金を払わないと辞めることができないわけではない。念のため）。

だから辞めた者同士が集まると、こんな会話になる。

「○○さんはいくら払ったの？」

「私は2万円くらいだったかな。××ちゃんは？」

「5000円だった。時田さんは？」

「私は部長が有給消化と合わせて一番いい日付を探してくれたから相殺して間に合った。だから、あとで払いにいかなくてすんだ」

「それは良かったね」

「うん。最初は退社の前に有給消化したいので、みたいなことを言ったら、有給消化は辞めるためにあるんじゃないみたいなことを言われてね。だからもう面倒臭かったので、別の日に、来月辞めますみたいに言ったら、有給も全部消化して、いちばん戻しが少なくてすむ日取りを一緒に考えてくれたの。ほんと助かったわ」

「あら、良かったじゃない」

「うん、助かった。部長もねー、だったら最初からそう言ってくれればよかったのに。まあ部長から言わせると、あなたの言い方は順番が違うって感じだったのかな。茶道みたい。もう今度から部長のこと利休って呼んじゃおうかな、なはは」

それにしても入社初月は社会保険料がないってあれ、なんだったの？　天引きを後払いにすることで初月の給与を大きくみせているということか？

なおこの給与体系はX社がそうだというだけで、生保に特徴的なシステムというわけではない。生保に興味があるのだけど、この話を聞いて引いてしまったという方、すべての生保がそうだというわけではないのでご安心ください。

辞めるか、頑張るか……

話を、辞める前に戻す。

3月のある日、私は部長に呼ばれた。芳しくない成績のことだ。私は友人知人親戚にまだ営業をしていなかった。部長は言った。

「お友達とか、親戚知人とか、保険の仕事をしているんだって言えばいいじゃないの」

別に何が何でも契約を取って来いというわけではない。ただ種撒きくらいは、もうそろそろしなさいよ。飛込みよりそっちの方が全然早いじゃないの。その通りだ。私は今まで友人知人親戚に営業しないでやってきたが、もうそろそろやってもいい時期に来ている。

でも営業する気が起きないのは……営業するなら当然、ここで5年10年と頑張らないといけない。みんなにお願いしておいて、いくらもしないうちに辞めましたなんてわけにはいかない。

でもそんなに長くここで頑張りたいという気持ちが起きないのだった。短期でがむしゃらに頑張って、ある程度稼いで辞める、だったらよい。ただ現行の仕組みでは、こういう小さなお願いを積み重ねていって、5年後くらいに結実し始め、10年15年と経ったときに化けていく（かもしれない）という形だ。そんなに10年15年とここで、この仕事を頑張るという気になれなくて。

やりたい仕事は別にあり、同じように地道で必死の努力をしなくてはならないのなら、そちらの方で頑張りたかった。好きなことで頑張りたいと思った。

確かに、親戚に頼んだら契約してくれるかもしれない。今度主人の実家に帰省するから義母に頼んでみたら、あるいは……。5000円であれ1万円であれ、もっとまとまった額であれ、義母の大切なお金。改めて人のお金を預かる重みのようなものを感じる。私のためにしてくれたことで確かに私が潤うのなら、私も一生懸命やるかもしれないが、歩合も蓄積させていかないとあまり意味を持たないので、そう思うと、真剣に頼む気になれなかった。

そもそも、会社の進んでいる方向は、自助の推進であるとか（暗に公助の切り崩しに賛成）、増税推進であるとか、あるいは批判的に物事をとらえる感性を誹謗中傷とする価値観だとか、私の思いとは反対なので、ぶっちゃけて言うと、会社に貢献する気が起きないのである。

もうそろそろ、〝そういう時期〟だなと思った。

最後の1件

辞めるつもりではあるけれど、期日が決まらないでいたある日、あるいは辞めないでと言われると少し心がぐらつくある日、ようやく、忙しい忙しいとまったく連絡つかなかったとある奥様から連絡がきた。

ご夫婦で共に経理事務所をしていて、出張が多いらしい。たびたび訪ねては手紙などを投函していたが、あまりちゃんと読んでいないよう。ごく稀に会えてもほとんど挨拶くらいで、あとは忙しいから今度来てくださいと、そんなことばかりだった。

それでもご主人の保険の更新が近づいてきたので、更新でもあまり値が上がらないお見積りを作り、詳細にその内容を補足したお手紙を投函したところ、忙しいさなかだけど、なんとか時間を作りますという連絡をいただいた。

時は3月。税務関係の人がもっとも忙しい時期である。ご主人の誕生日月は4月なので、手続きは3月中にしなければならない。

「モー忙しいのよ、忙しくて忙しくて……3月は×日と▽日しか空いてないわ、この日しかダメ」

「でしたら、×日でしたらいかがでしょうか」

「いいわよ×日で。ただこの日は私しかいないんだけど大丈夫かしら」

「はい、大丈夫です」

「そう、じゃあよろしくお願いします」

そんな感じで電話を切り、ようやくアポ取れて本当に良かった。トレーナーに報告して同行可能か聞いてみて……と思ってハッとする。

だめじゃん！　見直すのはご主人の保険なんだから、ご本人いないと‼　やっとアポが取れた嬉しさに、ついウンウン言っちゃった……。

慌てて再TEL。奥様に、ご主人の保険なのでご主人同席の上、直筆のサインでないと契約できない旨を伝えると、ならば▽日しかあいていないという。

▽日は私がだめなのだ。前日から北海道に帰省することになっている。すでに飛行機も手配してある。義父の法要なのだ。

「でも▽日しかだめだわ、それ以外の休日は主人、出張でこっちにいないのよ」

「申し訳ありません、この日、私がどうしても都合がつきませんで、何とか別の日に……」

「無理よ」

「たとえば平日の夜とか……時間は遅くてもこちらは大丈夫ですので、なんとか……」

「無理よ、平日なんて無理。主人が時間とれるのは▽日の午前中だけ」

平日の夜、ご自宅でなくても、遠くても構いませんから場所をご指定いただければそこに参り……そう言いかけた私に奥様はぴしゃり、

「あなたがダメなら他の人が来ればいいじゃないの」

と宣った。

はい、お客様からすればその通りですね……。

ウチの場合、契約時に同席してサインしないと当該生保レディの契約にならないルールがある。つまりこの場合、この案件は私の契約にならないことを意味する。原則では。

はい、でもそんな内部事情、お客様には何も関係ありませんよね……。わかりました、では他の者に参らせますのでと電話を切る。

私は鈴木トレーナーに事情を報告しに行った。このルールは原則で、トレーナーいかんで何とか帳尻を合わせてくれないこともなかった。ズルして契約を分け合うわけではないのだから。

ただそういうのが知れると、必ず「あの人はズルした」と怒り出す人もいるので、他言しないように気を付けないといけない。

しかし鈴木トレーナーは、原則だからダメだと言った。これもまた微妙というか、もう何が何でも絶対に契約をとってこの会社で頑張るという意気込みだったら話は違うかもと思った。帰省して義母たちに保険の勧誘……じゃなくて何とか契約もらってきます！　くらいだったら、様相は変わったかもしれない。

だがトレーナーは、それは原則に反すると言って、この契約はチームの2人の同僚に渡されることになった。

もちろんこういうとき話が行くのは、互いに仲のいい同僚同士のとき。「時田さん辞めないで」といつも引き留めてくれる仲間の元へその契約は行った。

あとで聞いたら、このときご主人の保険だけでなく、新たに奥様の新規の保険も頂いたそうだ。

辞めないでと言ってくれる仲間はちょっとバツが悪そうに見えた。もちろん原則だから仕方ないし、トレーナー指示だから受けて当然だし、そして誰しもが喉から手がでるほど欲しいのが契約。

辞めないでと言いつつ（本心）、でも辞めるからいいよね？（これも本心）みたいな感じ？

ウーン、とはいえ、なんだかハイエナに食べられているみたいな気分である。

まあ、これからもここで頑張ろうという人たちに分け前がいくのは仕方ない。なんだか私もこれでサッパリした。というわけでみんな、頑張ってね。

〝誹謗中傷〟をやめてもらいたい

こうして私は辞めることになった。有給消化まであと数日。

私は、毎月1回提出する「わたしの成長ノート」に、いつも思っていたことを書くことにした。だって、このノートを書くのも多分これで最後だから。

「わたしの成長ノート」とは、「今月の成果」「お客様に言われて嬉しかったこと」「来月に向けてどうしたいか」などを書いて、上司たちと支社に提出するもので、研修室の講師のみならず、最終的には支社長もそれを見ることになっている。

新人育成に対して、会社がそれなりに責任と熱意を持って取り組んでいることの証でもある。支社長のコメントもついてくるのだから感心する。新人といっても200人以上はいると思うし、それを一人ひとりちゃんと見てくれるのだから嬉しいことだ。離職率が高いとされる仕事で、それでもなるべく辞めないように、会社が気を遣ってくれていることの証でもあると思う。

とはいえ、項目がいつも「お客様に言われて嬉しかったことを書きなさい」とか、「今後、頑張りたいことは何ですか」という具合に、細目に分かれた質問事項になっており、自由な意見が書けないように工夫されていた。

だから適当な項目のところに、こう書いた。常々、書きたかったこと。言いたかったこと。

「上の方々、単に物事を否定的にとらえるくらいのことを、いつもにやにやしながら、『誹謗中傷だね』とか言うのですが、ああいうのは、やめていただけませんか。私たちのことをバカにしないでください」

バカにするというより、本当のところは、批判的にとらえることを誹謗中傷と定義する価値観を植え付けられているみたいで、それが腹立たしいのだ。いつも。

でもそれに対し返事はこうだった。

「感謝しましょう」

年度末近くで忙しかったのか支社長クラスのコメントはなく、部長と研修室の講師のコメントだったが、ともに、「感謝しましょう」と結ばれていた。

文句を言うなとか、不平不満は持つなということなのか。あるいは単に想定外の書き込みに対しては「感謝」で返答するという、決まりでもあるのか。

単に「文句言うな」とか「この場ではそういう書き込みは控えてほしい」でもいいから、私の発言に即した返答を期待していたので残念だった。

上の人たちだって、自分たちの思いがあるはずだ。世話になってるだの、感謝しろだの、会社が言うんだから聞けだの、いつもの常套句ではなくて。私はそれを聞いてみたかった。

別れのあいさつ

退社してから2週間後くらいだったか、私物の引き取りと挨拶に、会社に行く。ちょっと会ってなかっただけなのに……なんだか雰囲気違うなあ。年度変わって、次世代オフィスだからかな。

朝礼が終わったあとの時間を割いてもらい、挨拶した。本当の気持ちを言うことにした。

「先月で、会社の方を辞めることになりました。理由は……保険の仕事があまり面白いと思えなかったので……。そう思いつつ続けてきましたが、なぜ続けていたかというと、それはオフィスの居心地は悪くなかったからです……いえ、むしろ良かったというべきで……。ここにいらっしゃる皆様一人ひとり、上の方々も含めてですが、いつも私に親切にしてくださり、私に居心地の良い空間を提供してくださっていたこと、心からお礼申し上げたいと思います。どうもありがとうございました」

この言葉に嘘はない。

挨拶が終わると、親しかった人たちがあいさつに来てくれた。開口一番、私に声をかけてくれたのは同じチームのエッコさんだ。

「モー時田さんったら、モー時田さんったら、笑っちゃったわ、ディスっちゃってー、モー！」

「ディ、ディスる⁉」

別にディスってないけど……仕事があまり面白いと思えなかったって言ったこと？　それってディスったことになるのか？　でもその文言は、後に続く「居心地は良かったこと」に帰結していくんですけど。私、みんなへの最高の誉め言葉のつもりで言ったんですが。

まあ、笑ってくれているからいいんだけども、ディスるというのは違うよなぁ。否定的・批判的にとらえることを誹謗中傷と言うのは、会社の慣例？　だけれど……。

そもそも否定的ですらないでしょ。合う合わないなんて誰にでもあることなんだから。

上司たちに挨拶し、皆々に挨拶し、今度飲みましょうなんて話をしながら私はオフィスのドアを閉めた。

うーん、ディスる、ディスる、ディスるねえ……少しだけ淋しい。

終章　生保レディに誘われたなら

各社共通する部分、異なる部分

私は1年ほど、国内大手生保にて、生命保険募集人として働いた。いわゆる生保レディというやつだ。以上はその体験記であり、すべて私の実体験と伝聞に基づく（ただし登場人物はすべて仮名、会社での特定の用語や特約の内容、給与等の数字も変えている）。

タイトルに〝リアル〟という語を入れたが、ここは最後まで迷うところであった。国内大手と呼ばれる生保だけで4社、16万人弱が従事している世界であり、1万人いれば1万通りのリアルがあろうというもの。たかが私一個人の、しかもデキのあまりよろしくない一生保レディの体験を、あたかも代表でもあるかのような単語で形容して良いものか……。

ただ国内大手生保に限って言えば、採用方法や雇用形態、給与の考え方（主として成果給と基本給に分かれ、一定期間ごとの職能判定で基本給が決まるなど）、解約減額にまつわる基本ルールなど、生保レディを取り巻くシステムはおおむね同じであったりする（もちろん、その細則は各社異なり、稼ぎにくい・稼ぎやすい、給与が高め・低めなどの差は当然、存在する（後述））。

生保業界というのはちょっと変わっていて、横並び意識がとても強く、各会社、商品から運営に至るまで、似たり寄ったりであることが多い。これは生保商品の持つ特殊性にも起因しているかもしれない。生保は商品特性上、特許や著作権というものが存在しないため、どこかが良い商品を出せば必ず他社が追随する。他社をライバル視しつつ、常に足並みをそろえ、互いに発展してきたようなところがある。各社が数万人規模で抱え、とりあえず売上げの中核を成す生保レディたちの仕組みも然りで、おおむね似ているようだ。

さらに、これは私個人の実体験の記録であり、普段はあまり表に出てこない本音を書いている。その意味では確かにリアルである。また私は、成績も良くなく、稼げない生保レディであったが、実際には稼げない人の方が多いので、その意味では平均かもしれない。

これらの理由から、少々、僭越とは思いつつ、リアルという単語を選ばせていただいた。ただ、各社おおむね同じとはいっても、もちろん異なっている部分も当然たくさんある。

まず社風。私の所属したX社は、上意下達、同調圧力と横並び意識が強く、〝グローバル〟の名の元、旧態依然とした風土を残す、いわゆる〝日本的な〟会社だった。これについては、あくまでX社特有のものであり、保険会社がすべてそうだというわけではない（ただ、営業・販売会社は保険に限らず、おおむね体育会気質であることが多いと思われる）。社風や雰囲気は当然ながら、会社・支社・オフィスにより異なる。X社とは正反対の社風のところもあるだろう。

またノルマがきついのは業界共通ではあるが、オフィスによっては、それほどでもないところもあると聞く。

たとえば地方のオフィスなどは、限られたエリアを限られた人数で回りながら、和気あいあい、家庭的な雰囲気で運営しているところも多いらしい。また、離職者が多いとオフィス長のペナルティになったり、人がいなくなればオフィスが廃止になることもあるので、ともかく在籍だけしてくれればよいという、そういうオフィスも確かにあるらしい。以前、勤務実態のない人に給与を発生させていたオフィスがあったそうで、これはれっきとした詐欺で、犯罪になる。

X社は全体での集まりが多かったが、そうでないところもあるし、個人の裁量が強く、より自営業っぽいところもたくさんあるだろう。もし本書を読んで怖気づいた方がおられたとしたら、本書はただX社でのことなので怖気づかず、他社を探してください。

採用に関していうと、おおむね、どこの社も毎月採用を行っていて、それに準じてイベントなども組んだりするが、私が所属していた支社は月に1回以上採用のためのイベントがあり、ここに人を呼んでこなければならなかった。オフィスによってはイベントをそれほど頻繁に行わないところもある。また上長の考え方で、人を増やすことに主眼を置かないオフィスも確かにあるようだ。採用にまつわる謝礼等も同じで、X社の謝礼は低かったが、もっと手厚い会社もある。

給与も然りで、基本給と成果給に分かれ、一定期間ごとに職能判定があり、そこで基本給が決まるなど大まかな仕組みは同じだが、細則は異なる。たとえば、基本給と成果給の比率。

これはX社ではない、別会社のとあるオフィス長の方から聞いた話であるが、その方が独自で入手した情報を元に、大手3社の各会社の成果給と基本給の比率を計算してみたところ、ざっくりと以下のような数字になるという（あくまで個人的な分析。各社の公式見解でもないし、生保協会等がそのような試算をしているわけではない。XYZは暫定的に割り振っただけで、実際の会社のイニシャルではない）。

	成果給	基本給
X社	7	3
Y社	5・5	4・5
Z社	3	7

私が所属していたのはX社。基本給が低く、成果給の割合が高い会社であった。つまり契約を挙げれば挙げるほど、成果給がズバ抜けて大きくなっていくらしいが、在籍した実感として言わせていただくと、よほど超人的な成績を出さないとそのようにはならない。ましてやX社

は、他社経験者はお断りで〝生保バージン〟しか採用しないが、よほど強力なバックボーンがあるか、会社が下駄を履かせてくれるのでない限り、ましてや初心者がどうこうできるレベルではないと感じた。

X社では、ともかくあと1件、あと1件とロボットのように契約に邁進させようとする雰囲気を感じたし、抜きん出て取る人以外はあまり稼げない印象を得たが、なるほどそういう傾向の強い会社であった模様。

代わってZ社のように、基本給に重きを置くところもあるようだ。個人的にはこちらの方が、ある一定レベルを維持しやすいし、現実的だと感じた。このように各社によって差があるので、保険の仕事に関心のある方はぜひ、自分に合った給与体系のところを見つけられたい。

しかし各社、仔細に異なるとはいえど、ノルマ達成の基準は高く、達成がたやすいことではないのは同じ。

また経費は自前だから、単に給与総額の大小だけでは判断しづらい。会社から購入する販促品の価格や、自爆営業（なにがしかのイベント等の買取ノルマだとか）の有無なども加味していくと、最終的な〝純利益〟は、おおむね同じ？

昨今、大手生保の幾つかは、他社生保経験者は採用しない、もしくは経験していても1社まで、というような縛りを設けるようになった。昔は、各社を渡り歩くツワモノもいたようだが、今はそういう人は敬遠される。必然的に他社を知らない女性たちが増え、お互いに、「こんなもんじゃないのか、どこも」と思いながら仕事をしている。

なお、給与についてもうひとつ付け加えると、各社、規定の給与体系が適用されるのは、おおむね研修期間が終わった本採用からで、研修期間（会社により3か月～半年くらい）時は、それぞれ支社やオフィスが独自で定めていることが多い。

当然、同じ社でもバラつきがあり、私の場合は初月16万円（社会保険料がつくので実質14万弱）だったが、地域の別会社は初月18万円だったし、都内になれば20万円を上回っていたりする。すべて入社後に知った。

初月を大きくすることで人の集まりを良くしているだけかもしれず、初月が大きいイコールいい支社というわけではないだろうが、新人採用時にさえケチケチしている支社は考えものだと思う。

生保レディに誘われたら

友人知人、あるいは親戚から、生保レディに誘われている人もいるかもしれない。

生保レディの将来については、何とも言えない。少子化、ゼロ金利、加入チャネルの多様化等々を受けて、今より厳しくなるのではないかと思うし、再編されていくのかもしれない。あるいは、今のままかもしれない。これについては私はどうこう言える立場でもないので、この部分は抜きにして、とりあえず現行でのことを話す。

生保営業は、大変なことも多いけれども、いいこともたくさんある仕事だ。辞めた私が言うのもなんだが、楽しかったし、時間が自由に組め、自分のペースで仕事も出来るので、やりたいことと両立も出来た。仲間や友だちも出来た。金融についての知識も増えた。

保険の仕事に興味があった方はもちろん、どこか就職先を探している人、家庭やプライベートと両立出来る仕事がいいと思っている人、比較的高齢のため就職先が見つからない方、あるいは生保にネガティブなイメージがあって何となく敬遠してきた人……これも何かの縁である、思い切って誘いに乗ってみるのも悪くない。

とはいえ、明確に他にやりたい仕事があるとかいう場合、それを諦めてこの世界に踏み込むかどうかは、きちんと考えた方がいい。メディアなどはミリオネイアばりの生保レディを取り上げるが、あれは1％にも満たないごく稀な存在。ほとんどの人はそれほど稼げない。一生懸命頑張ってやっと生活給になるかならないかの人がほとんどであり、それ以上を目指すのであればそれなりの覚悟がいる。

また若い方、短大卒以上の学歴の方、なにがしかのキャリアや職歴がある方、この仕事で大きく稼ぎたいと思っている方も、ちょっと待ってもらいたい。

紹介を基軸にした支社所属、常時の中途採用は、各保険会社で最も人数が多く、かつ主力の戦力であるが、ヒエラルキーとしては末端である。

各社のホームページを見てほしい。新卒を対象とした定期採用はもちろんのこと、第二新卒や中途（キャリア）採用の保険募集人の仕事があるはずだ。保険会社のヒエラルキーは、こちらの方が上位。つまり給与や待遇、キャリアパスもこちらの方が有利。いずれも年齢もしくは学歴などの条件があり倍率もあるので、簡単ではないかもしれないが、条件を満たすのであれば、こちらから応募してみるのもテである。

なお、この場合、勤務地は限定されていることが多い。家の近くで気軽に働けるというものではない。また給与や待遇が良いといっても、もちろん会社にもよる。税制上は個人事業主だったり、一定の基準を満たさないと解約になるなどシステムは同じであることも。

また、本当に保険募集の仕事で稼ぎたい、仕事を一生懸命にやりたいというのなら、外資系や損保系生保に行くのもテだ。こちらは、歩合の考え方も国内大手とは違い、毎月お客様が支払う保険料を基準に、その何％（おおむね20～50％と言われる）が一定期間、募集者に支払われるというシステムであることが多い。担い手は男性が主体なので、別の厳しさもあり、こちらも学歴やキャリアなど一定の応募条件があることが多いようだ。

さて、紹介による支社所属の、中途・常時採用の場合――。

紹介者やオフィス長は、もしかしたらまるで〝今しかない〟ような勧誘の仕方をしてくるかもしれない。

上述したが、現在、保険業界は再編の時代であり、変わっていく可能性はあるが、支社所属の中途・生保レディの募集は常時行っている。生保レディたちは、契約が取れなくなれば解約となり、自然に淘汰されるシステムだから、会社もまだ当分は、このスタイルで続けると思われる。今しかないような勧誘の仕方をするのだとすれば、考える時間を与えると断られることが多いから、そのようにしているだけと思われる。

人を誘い込む限りには、その責任があるはずだ。自分のメリットのために他人を利用しようとする人は、信用に足らないかもしれない。勧誘時に違和感を感じたなら、その違和感は大切にされると良いと思う。

本書でも何度も書いてきたが、大きく稼いでいる人はほんの一握りである。ほとんどの人はそれほど稼げない。給与を大きく稼ぐという目的でなら相応の覚悟をもって臨む必要があると思うし、会社やオフィス選びも慎重にされたい。ただ、求めるところが「パートよりマシ」とか「派遣よりマシなところを」くらいの感覚であれば、十分におすすめできる。

時には頑張り次第で大きな数字を出せることもあるし、勤続年数に応じ、ボーナスも出る。退職金もあるので、派遣社員をするよりいいかもしれない。大企業の福利厚生が適用され、一定の社会的知名度・信用がある仕事だ。家などの高額なローンも組めたりする（年収と勤続年数にもよる）。比較的自由に時間も組め、プライベートの延長で仕事ができるのもこの仕事の魅力のひとつだと思う。

ノルマ達成は、決してたやすくはない。必死で頑張りぬいて、生活給以上のラインを稼いでいる人もいるが、ほとんどは、会社に居続けることのできる最低ラインは何とか守り抜きつつ、時折、大きな契約を目標に頑張っている感じ。あまり多くを望まず、家庭やプライベートを大事にしつつ、自分のペースで仕事ができる外回りの良さを生かして、無理せず働いている人も多い。それはそれでステキなことだと思う。

紹介による採用のいいところは、最初から見知った人がいるから安心なこと（もちろん入社後にこじれる例も多々ある）。オフィスは、女同士の気軽な人間関係の延長のようなところがあり、友人や仲間ができやすい。人脈を広げ、ご縁をつなげていくのが仕事なので、人によっては趣味と実益が一緒になる楽しい仕事だと思う。

私は生保の、何というのか、フトコロの深いところも好きだ。フトコロの深さとはすなわち、「ガンバリマス」という人には、誰にでも門を開いてくれるその間口の広さ。金融機関なので、自己破産歴などがあると採用出来ないなどの基準はあるが。

戦後の日本の生命保険業界は、戦争未亡人など、働かなくてはならない事情のある女性を中心に発展してきた。女性に仕事がない時代から、女性の仕事として発展してきた。そんなこともあるのか、職場には、どこか根底に温かさがあるようにも思った。

入ってからが大変で、浮き沈みが激しいから辞める決断をする人も多いが、なにがしかの事情があっても採用してくれ、すぐに働くことが出来、一定の給与と福利を与えて、生活を立て直してくれたことに、感謝の念を示す人もまた多い。

なお、1年未満で辞めてしまったようなケースはともかくだが、それでも3年くらい生保で頑張った経歴がある場合、転職の際、評価が高いらしい。

というのは、生保というのは、とても大変な仕事というイメージがあるらしく（実際には、どんな仕事も大変だと私は思うが……）、その生保をやっていたというのは能力の高い人だと思ってもらえるらしい。生命保険営業は、営業の中でも最も難しい営業ともいわれるので、営業販売会社であれば、生保経験者というだけで相当ポイントが高いはず。もちろんすべての業種でそうとも言い切れないだろうが、かなりの確率で面接官の心象が良く、面接も通りやすいらしい。

ここで頑張るのか、辞めるのか、違う道に進むのか。生保の現実を知った後に女たちがとる決断もさまざま。だが生保を前向きに頑張れた女には、こんな感じで、きっとステキなご褒美が待っているに違いない。

あとがき

この体験記は、すべて私の実体験と伝聞に基づき、登場人物にはモデルがいる。すべて仮名ではあるが、本人が読めば自分のことだとわかるはずである。

登場人物の一人ひとり、私には思い出深い皆様であり、お世話になった方々であり、愛すべき方々であるが、良い部分だけではなく、否定的に感じられた出来事も書いているから、読んで傷つかれたりすることもあるかと思う。

そんなことを考えると、途中で書けなくなってしまったのだが、私は、以下3つの理由から、これを書いた。

まずひとつは、私が女性の労働に関心があったこと。生保というのは日本では女性の仕事として定着してきたのに、その内実はそれほど知られていない。ゆえにその実質や本音のところを記録したいと思った。ある時代の、女性の労働と目されてきた仕事がどういう状況であったか、書いておきたいと思った。

さらにいえば、これは女性だけの問題ではないという思いもある。というのは、平成を通じて労働市場で起きたことは、「労働の女性化」であると私は思っているから。

そもそも非正規的な働き方とは、一昔前までは女性のものだった。それが今では非正規の働き方は社会に広く浸透し、学卒の男性ですら、非正規からスタートせざるをえないケースも多いという。最近はウーバーのような業務請負型ギグワークも出てきた。

生保募集の仕事は、被雇用者でありながら個人事業主という、特殊なスタイルで発展してきた。請負トラックの配送業なども、少し違うが似ていると思う。今後、労働市場で懸念されているのが〝正社員崩壊〟であるが、生保レディに代表される、労働者であり個人事業主という立ち位置の曖昧なスタイルが、通常の、産業の中核を成すホワイトカラーの現場でも出てくるかもしれないと思う。

もうひとつの理由。それは、会社で過ごす中で、私は、これもまた社会にとって普遍的テーマであるところの、「組織と個」という、そんなテーマを感じることが多かったこと。「組織と個」などと言ってしまってよいものか、ただの個人的な不満と違和感の羅列に過ぎないと言われれば、そうかもしれず。

そして違和感と言いつつ、波風を立てることを嫌う会社は、穏やかで過ごしやすくもあった。居心地は悪くなかった。その良質な部分についても書かなければ嘘であろう。

社風についてはX社独自のもので、保険業界の特徴というわけではない。とはいえ、私の感じた違和感がX社だけのものであるなら、何も書くほどのことでもないだろう。

私は会社に行って、日々、世相のようなものを感じたし、組織の体質に、日本の企業に共通する何かを見る思いがしたものだった。私は、会社と社会は常に相関関係にあると思っている（〝会社〟という語はひっくり返すと〝社会〟になる）。会社で起きていることは社会で起きていることだし、社会で起きていることの縮図が会社にあるものだ。会社でのことを書くことはそのまま、今、日本の社会で起きていることを書くことに繋がっていくと思う。

そして3つ目。私は生保レディを取り巻く色々な仕組みは、女性たちに有利なものとは思えなかった。今、生保は再編の時代である。何もしていかなければ、生命保険募集の現場も、さらに厳しいものになっていくのではないかと思う。

本書を通じて、女性たちの働く現場が、待遇が、少しでも良くなっていくことに繋がっていってくれればと思っている。その意味で、役に立つこともきっとあるはずだと思っている。

最後に、本書出版にあたり、お世話になった方々に謝辞を申し上げたい。

私のつたない体験記に最初に目を通して、アドバイス下さったジャーナリストの黒薮哲哉氏、そして「リライトすれば良くなるのではないか？」という判断をして下さり、ご指導くださった共栄書房の佐藤恭介氏他、共栄書房の皆様、そして完成を誰よりも楽しみにしてくれていた私の夫に、改めて謝辞申し上げたい。

ともに1年を過ごしたオフィスの仲間たちにも。

時田優子（ときた・ゆうこ）

東京都生まれ。法政大学文学部卒。広告代理店営業、コピーライター、業界紙記者などを経て、フリーのライターに。結婚後、仕事を一時中断していたあるとき生命保険の募集人になる。

生保レディのリアル——私の「生命保険募集人」体験記

2020年3月25日　初版第1刷発行

著者 ———— 時田優子
発行者 ——— 平田　勝
発行 ———— 共栄書房
〒101-0065　東京都千代田区西神田2-5-11 出版輸送ビル2F
電話　03-3234-6948
FAX　03-3239-8272
E-mail　master@kyoeishobo.net
URL　http://www.kyoeishobo.net
振替　00130-4-118277
装幀 ———— 黒瀬章夫（ナカグログラフ）
カバーイラスト ——— 平田真咲
印刷・製本　中央精版印刷株式会社

ISBN978-4-7634-1092-4　C0036